智·慧·爱
Sapientiae et Cordi

了 解 和 爱 , 终 将 成 就 一 切 !

总想逃跑的席拉
The Tiger's Child

[美]桃莉·海顿（Torey Hayden）著

缪静玫 译

图书在版编目（CIP）数据

总想逃跑的席拉 / （美）海顿著；缪静玫译.—北京：华夏出版社，2015.1
（桃莉老师疗愈成长之旅）
书名原文：The tiger's child
ISBN 978-7-5080-8375-9

Ⅰ. ①总… Ⅱ. ①海… ②缪… Ⅲ. ①问题儿童—儿童教育 Ⅳ. ①G765

中国版本图书馆CIP数据核字(2015)第002205号

THE TIGER'S CHILD by Torey Hayden
Copyright ©1995 by Torey L.Hayden
Simplified Chinese translation copyright © 2015
by Huaxia Publishing House
Published by arrangement with Curtis Brown Ltd.
through Bardon-Chinese Media Agency
ALL RIGHTS RESERVED

版权所有，翻印必究
北京市版权局著作权合同登记号：图字 01-2014-2476 号

总想逃跑的席拉

著　者	（美）桃莉·海顿	
译　者	缪静玫	
责任编辑	朱　悦　　陈志姣	
特约编辑	王楷威	
责任印制	刘　洋	
出版发行	华夏出版社	
经　销	新华书店	
印　刷	三河市少明印务有限公司	
装　订	三河市少明印务有限公司	
版　次	2015年1月北京第1版	
	2015年4月北京第1次印刷	
开　本	880×1230　1/32	
印　张	10.875	
字　数	200千字	
定　价	39.80元	

华夏出版社　　地址:北京市东直门外香河园北里4号　　邮编:100028
　　　　　　　网址:www.hxph.com.cn　　电话:(010)64663331(转)
若发现本版图书有印装质量问题，请与我社营销中心联系调换。

推荐序

学习倾听孩子的声音

21世纪，随着互联网的飞速发展，世界愈加扁平，各种资讯以及教育理念以前所未有的强度冲击着我们。育儿的话题在当今的中国变得越来越引人关注，也越来越重要。第一代的独生子女如今已经为人父母。在仍然以传授知识、考试测评为教育主线的中国，孩子的压力越来越大，反抗也越来越大。家长们一方面渴望孩子快乐成长，另一方面又难以抗拒整个社会的潮流，站在孩子的身后，举着考试的大旗打压着孩子们。

前日参加一个活动，有一个讨论是关于"如何做高效能父母"的话题。家长们七嘴八舌，提出了一大堆的建议。我却在想，也许，我们都需要安静下来，学习倾听孩子的声音。

桃莉·海顿，被美国教育界盛誉为"爱的奇迹天使"，她的这套"桃莉老师疗愈成长之旅"都是从孩子的角度展开的，让我们这些糊涂的自以为是的大人有机会听到孩子们的声音，帮助我们贴近孩子那颗敏感的心，了解他们的需要和被爱的方式。

我非常感谢自己在芬兰的育儿经历，因为是个"外来母亲"，什么都不懂，所以必须倾听（即使如此，也常常做不到很好的倾听）。

在某种程度上,女儿教会了我很多。记得女儿12岁左右的时候,喜欢上了一个西方的摇滚歌星。这个歌星的所有造型,都让我有一种心惊肉跳的感觉。我非常担心女儿的"喜欢",试图了解她为什么会以这样一个"不正派"的歌星为偶像。女儿却说,他在台上的打扮和表演只是一种渲泄,是他情绪或生命中的一个部分。她还批评我(和很多中国家长)以貌取人。可是,我依然不明白,这个摇滚歌星渲泄的哪一部分引起了一个12岁孩子的共鸣,当时非常担心(现在我越来越理解一个孩子成长过程中的困扰)。此后,我们也偶尔会为这件事展开讨论,直到她15岁的某一天,我们又谈起这个歌星,她跟我说了不久前发生的一件事:有一个青少年持枪伤人,而他恰是这个歌星的粉丝。这件事引起各方媒体的关注,甚至有一种声音质疑歌星的音乐对青少年的负面引导。有人采访这个歌星,问:"如果你有机会对这个孩子说几句话,你会说什么?"他静默片刻,回答道:"我什么也不会说,我会倾听。"女儿说:"妈妈,你不觉得他是一个很有智慧的人吗?"

是的,倾听的力量超出你的想象!在这个充斥着各种声音和各种理念的嘈杂世界里,"倾听"也许是我们需要学习的一个重要技能。

无论你是家长还是老师,如果你心里有爱,并愿意用对的方式支持到你所爱的孩子,不妨打开这套书,在桃莉·海顿的帮助下,走进孩子的内心世界,开始学会倾听。看看你是否能够听到他渴望长大的声音,听到他内心的无助和他的需求,他的自豪和喜悦,体会到他在生命初期学习生存技能的那份努力和不易。

如果我们能够带着深深的爱,细心地倾听,全然地信任,耐心地陪伴,也许,生命就会展现给你一个奇迹!

芬兰富尔曼儿童技能教养法中国推广第一人:李红燕

目　录

前言 _ 001

第一部

1　绑架案主角 _ 003

2　被母亲遗弃的阴影 _ 016

3　留住席拉 _ 022

4　告别特教班 _ 030

5　收到席拉的信 _ 038

第二部

6　完成第一本书 _ 049

7　私人诊所 _ 054

8　与席拉重逢 _ 059

9　阅读自己的故事 _ 068

10　迷路 _ 076

11　助手席拉 _ 087

12　亚雷赫上树了_098

13　"引导作画"练习_109

14　另类着装_120

15　席拉的画作_128

16　生日礼物_141

17　故地重游_147

18　糟糕的野餐_159

19　席拉的道歉_172

20　为亚雷赫争辩_181

21　意外访客_191

22　失踪_206

23　虚惊一场_222

24　被混淆的记忆_230

25　不辞而别_242

第三部

26 席拉给母亲写信 _ 251

27 农场重逢 _ 262

28 登广告寻母 _ 274

29 男人和性 _ 285

30 商店发来的传真 _ 297

31 重提旧事 _ 309

32 去麦当劳工作 _ 322

后记 _ 333

前　言

那一刻似曾相识。

我回到蒙大拿（Montana）探访家母。一个周日早晨，趁着母亲和小女儿去游泳时，我独自到外面走一走。我穿过购物商场时刚过十一点，大部分的商店都还没有开始营业，因此大广场上还很暗，只有保全照明还亮着。

突然间我看到了她。她就站在一棵巨大室内盆栽的阴影下，在我前面的商场里，离我有一段距离。那一头长长的、未梳理的头发垂在肩膀上，刘海覆盖在眼睛上，厚而有肉的嘴唇噘得高高的。她站着，两只手臂紧紧地抱在胸前，双肩高耸，一脸极为不悦的挑衅表情；然而，那副不悦的表情之下隐藏了一种强烈的悲痛。我想她已经知道自己输定了。刚见到她时，我正好在商场里，可是我立即就认出她来，肾上腺素立刻涌入我的血管里。席拉。

一两秒钟之后，我恢复了理智。那个人当然不是席拉。自从我看着席拉在那个温暖的六月午后离开我的教室以来，已经过了二十几个年头。我已经不是从前那个年轻气盛的老师。我已放下教鞭，至少目前是如此，而且我也从青年，多少有点不情愿地步入了中年。然而，在购物商场那短短的几分钟里，那二十几个年头消失了。我被拉回到七十年代，回到我二十几岁、成天拼命工作的那段时间，再次感受到当时的我和当时的环境，但是那一刻相当短暂。

接下来发生的事是真的，现实自动重叠在那件事上，有点像是有人放了一张幻灯片在一张纸上。我很好奇，于是朝那个女孩走去，走到和她平行的地方停了下来，假装很有兴趣地观看附近一间商店的橱窗，那样我就可以在不引起注意的情况下研究她。她比当年的席拉年纪要大些，可能有七岁或八岁。她的发色较深，说它像金色，倒不如说比较像灰褐色。

我的接近并没有让她不悦的脸色稍微缓和一点。我是陌生人，所以她并没有理会我，她的注意力全部集中在我身后那家大型百货公司打开的出入口上。我没办法知道是什么人惹恼了她，他们已经消失在百货公司里，可是她仍然站在那里，小小的拳头紧紧地握着，乱乱的头发披散在前面，散发出绝望、无助的愤怒。我不露声色，继续留在那里，保持大约六尺的距离。一个如此平凡的偶遇竟然能让我回到那么多年前的记忆，而席拉竟然还能让我的心跳加速,真是太神奇了。

我担任席拉的老师只有五个月的时间。在那短短的时间里,我们的关系让席拉的行为有了戏剧性的转变,也大大地改变了她的人生方向。虽然当时并没有那么明显,但我们的关系一样戏剧性地改变了我,也使我的人生方向转了个大弯。这个小女孩对我的影响深远。她的勇气、她的弹性,还有我们全都感觉到的她表达出强烈被忽视、需要被爱的那种能力——简言之,就是她的人性——引导我接触自己的人性。

席拉在我班上那五个月的点点滴滴,我全部记录在《她只是个孩子》(One Child)那本书里。这是一本私人的著作,原先我并没有打算出版,只是为了更进一步完整了解这层深刻关系。关于这点,我要特别感谢当年我在一所大学的研究班教授特殊教育时的一位学生,她在最后一堂课上送给我一本隆恩·琼斯(Ron Jones)的《橡子人》(The Acorn People),还在首页题上:"给桃莉,期盼将来有一天你会将有关席拉、莱斯礼和其他人的故事写成书。"

《她只是个孩子》现在以二十二种语言在全世界各地发行,让我有机会接触到欧洲、非洲、美洲和亚洲等地的读者。曾经有位读者从南极洲的基地写信给我;铁幕(Iron Curtain)倾倒之前,有几封来自那里的信件;而我最近则刚刚从中国大陆收到关于《她只是个孩子》的第一封信。看着席拉成长和改变,大家不禁要问:后来呢？

　　《她只是个孩子》是个根据真人真事所写成的真实故事。我之所以一直犹豫而未下笔写续集，纯粹是因为六岁大的席拉非常吸引人，而我们相处的那段时间非常真实。事实上，《她只是个孩子》的编辑甚至建议我不要在后记里提到席拉在我们分开之后的情况。真实人生并没有小说那么令人满意，也不像经过审慎编辑的非小说那么讨人喜欢，而且感觉上，从我担任老师到我写《她只是个孩子》这段期间，会使一个非常乐观进取的故事结局太过严肃，因此，故事是以席拉美丽的诗作为结尾，并没有详述细节。

　　为了响应无数读者的疑问，同时也为了响应席拉，我现在改变心意了。席拉在饱受人生挫折后，已经成长为一个有魅力、口齿清晰有条理的青年女性。我们相处的那五个月确实对她影响深远。《她只是个孩子》同时也叙述了我的故事，即便我原先并没有那个意思。席拉的经验十分独特，而接下来——引用保罗·哈维（Paul Harvey，美国著名的新闻播报员）的话——就是故事的后续发展。

第一部

绑架案主角

> 席拉认为这个世界非常险恶。她生存的信条就是先下手为强，报复的手段尤其激烈。

就犯罪案件来说，报纸上的那篇报道实在很小。文中叙述一名六岁大的女孩把一名当地刚学会走路的小男孩从他家庭院拐走，将他带到附近一处林地，把他绑在一棵树上放火烧他。受到严重烧伤的小男孩现在躺在医院里。这段内容就刊登在报纸的第六版，连载漫画下方一块空白补白处。我读到这篇报道，十分反感，就翻过那一页，继续看其他页。

六个星期后，特殊教育主任艾德打电话给我。当时是一月初，我们刚放完圣诞节假期回来。"你班上将会有个新来的女孩。记得十一月放火烧小孩的那个小女孩吗？"

我教的那个班级在我们那个地区被称为"垃圾班"。那是国会法律引进"主流教学"前的最后一年，它要求所有有特别需求的孩子都要在最没有限制的环境下受教育；因此，我们这个地区仍然拥有无数小型的特教班，每个班级对应不同残障学生的需求，有生理残障班、心理障碍班、行为失调班、视障班……只要你说得出来的，我们都有。我班上那八名学生是剩下的，是别人不愿分类的。他们全都有情绪失调的问题，但是大部分也同时有心理或生理上的障碍。我们共有三个女孩和五个男孩，其中有三个不会说话，一个会说话但拒绝说话，而另外一个只会重复别人说的话。其中三个还在包尿布，另外还有两个经常出意外。因为我班上的学生人数已经达到州法律所规定的重度残障儿童班级的满额人数，学期开始时，我分配到一名助理；不过他原本不是我所期待已被学校聘雇、聪明又吃苦耐劳的那一类人。他是位墨西哥裔美国移民，名叫安东，是从当地福利事业名单中挑出来的。他没有高中毕业文凭，甚至没有整个冬天都留在北方的经验，当然也不曾帮七岁大的小孩换过尿布。我唯一其他的助力来自惠妮，她是名十四岁的初中生，放弃了自习时间，自愿到我们班上帮忙。

根据大家的说法，我们是个没有什么希望的团体，而初期，混乱更是众人的笑柄。然而，几个月之后，我们改变了。事后证明安东是个细腻、吃苦耐劳的人，几个星期内，他对孩子们的奉献就变得十分明显。孩子们对于班上有个男人也有不错的反应，他们互相支持。惠妮的青春活力偶尔使她比较像学生而不是教职员，不过她的热诚是有感染力的，让我们能用较轻松的心情把发生的事件看成冒险而不是灾难。孩子们成长并改变了，到了圣诞节时，我们变成一个有凝聚力的小团体。现在，艾德却要把一个六岁大的危险人物送到我班上来。

她的名字叫席拉。接下来那个星期一，她到了，是被艾德拖进教室的，而校长则忧心忡忡地跟在后面，他用手在她后面赶，像是要把她扇进教室一样。她十分娇小，眼神里充满了怒火。她有一头长长的、没有光泽的金发，还有一股很难闻的味道。我很讶异她竟然那么小。由于她的恶名昭彰，我原本以为她是力大无穷的。事实上，她大概不会比她绑走的那个三岁男孩大多少。

绑架？我很谨慎地打量她。

因为学区的官僚式繁文缛节，席拉的学校档案并没有在她到校之前先送达学校，所以当她第一天去用午餐时，安东和我就趁机到楼下办公室迅速翻看了一下她的档案。即使以我这个班的水平来看，她的档案读起来还是很凄凉。

我们这个小镇玛丽斯维尔（Marysville）邻近一所大型精神病院和一座州立监狱，而这种情况造成了这里除了移民之外，有相当比例的下层阶级，这些人很多都生活于十分低劣的贫困中。移民营里的建筑物原本是建来当作临时夏季住宅的，里面除了木头和防潮纸之外，实际上一无所有，甚至连基本的设施都付之阙如，可是在冬天时却挤满了那些没有能力负担更好生活的人。席拉和她的父亲就住在这样的地方。

席拉的父亲因为嗑药和酗酒问题，在她小时候的大部分时间里不断地进出监狱。他是个无业游民，目前正处于假释期间，除了上戒酒课外，其他连一点小事都没做过。

席拉的母亲离家出走的时候只有十四岁，她和席拉的父亲交往，并怀了孕。席拉是在她母亲十五岁生日前两天出生的。十九个月后，她母亲又生下第二个孩子，这次是个男孩。虽然档案里不难看到毒品、酒精和家庭暴力等字眼，但对她母亲的叙述并不多。不管怎么样，她最后一定是受够了，因为席拉四岁时，她离开了那个家。档案里简短地叙述了她似乎原本打算把两个孩子一起带走的，可是后来有人发现席拉被弃置在小镇南方大约三十里的高速公路上。从此，席拉的母亲和她的弟弟吉米就再也没有任何消息。

档案大部分的内容都在描述席拉的行为。在家中，父亲显然一点都没有约束她。一再有人发现她深夜时在移民营附近晃荡。她曾有纵火的记录，还曾因为刑事损害，三度遭到当地警察传唤至法庭——对一个六岁大的孩子来说，这种记录可谓令人叹为观止。席拉在学校里经常拒绝说话，正因为如此，档案里几乎没有资料可以让我了解她曾学了什么或如何学习。她曾经上过幼儿园，之后又在移民营附近的一所小学读一年级，直到发生小男孩的那个意外事件为止,不过档案里没有评估记录。一般测验结果和学习情况摘要栏上是一长串可怕的记录,详述席拉具破坏力而且通常有暴力倾向的行为。

档案最后是一段关于那件绑架案的简短总结。法官的结论是,席拉要脱离父亲的管教,最好安置在一个安全的机构里,让她的需求得到更充分的满足。就这个情况来说,法官的意思是州立精神病院的儿童部。不巧的是,那个部门还处于听证会的阶段,如此一来,席拉必须等待它的开放。档案里附加了一张最近日期的备忘录,上面详细说明,基于她的年纪和法律方面的问题,需要给她提供某种形式的教育,但没有人费心地表示意见。她的安置属于监管性质,这表示,她必须暂时被安置在学校里,可是我不必觉得有任何义务教她。

随着席拉的报到,我的教室就成了一所临时监狱。

青春活力是当时我事业上最大的本钱。由于满脑子理想主义,我强烈觉得没有所谓问题孩子,只有问题社会。不过,一开始我是勉强接下席拉的,那是因为我的教室已人满为患,而且我的资源已经过度延伸,而不是因为孩子本身的问题。因此,一旦我接下她,我就把她当成我的学生,而且我的班级也不是临时监狱!我对人的诚实,以及每个人和我班上每个孩子所拥有的不可剥夺的权利,是深深相信的。

嗯,情形几乎是这样。在席拉改变之前,她给了我所有的信念一次很大的震撼，而且是在她到达的第一天就开始了。那天午餐时间，当安东和我坐在前办公室查看席拉的档案时，席拉就在我们的教室里把鱼缸里的金鱼一条一条舀出来，还把金鱼的眼睛戳出来。

席拉穿着过小的连身工作裤和一件褪色的T恤，看起来乱七八糟。她说的每一件事都是尖叫出来的，她碰到的每样东西都是被弄坏、被打坏、被压扁，或是被弄得支离破碎的，而每一个人，包括我在内，全都是"敌人"。至于她的行为，安东把它们形容为"动物模式"，最初那段日子并没有出现太多"儿童模式"。别人的动作只要稍微超出她的预期，她就视之为攻击，眼神会变得阴沉，脸涨红起来，身体变得僵硬，接下来她不是打架，就是惊慌失措地跑掉。当她处于"动物模式"时，我们的方法比较像是驯服而不是教导。

然而……席拉是独特的。她身上、她的眼神中，甚至在大多数凶悍时刻她行动的敏捷里，存在着某种有电的东西。我无法确切说明那是什么，但是我能感觉到。

我非常爱我班上的孩子，可事实是，他们并不聪明。大部分的孩子都有情绪上的障碍，由于花了太多的精力在处理这些障碍上，因此没剩多少时间可以学习。此外，其他症状也常常会成为产生心理问题的助因或原因。例如，其中有两个患有胎儿酒精症候群，另外一个有引起中枢神经系统缓慢退化的神经疾病。因此,虽然有几个孩子智力很正常,但所有孩子的活动力都未达到同龄孩子的平均标准。因此,在席拉刚加入我的班级时,发现她的加减法很不错,我感到惊讶,毕竟她只上过三个月的一年级课程而已。

几天之后,又有一件令我更惊讶的事。我发现她竟然懂得稀有名词的意思,其中之一是"动产"。

"你究竟在哪里学到像这样的名词?"我终于忍不住好奇而问她。

个头娇小、浑身脏兮兮,而且味道相当臭的席拉弓着背坐在我桌子对面的椅子上。她透过一头乱发向上盯着我看。"《爱的动产》(Chattel of Love)。"她回答,接着用她特有的方言加了一句,"那是我发现的一本书的名字。"

"书?什么地方?什么书?"

"我没有偷,"她防卫性地反驳道,"它是在垃圾桶里,我发现的。"

"什么地方?"

"真的是我发现的。"她又说了一遍,她显然认为这是我要的答案。

"是的,好,"我回答,"可是在什么地方发现的?"

"在巴士站的女生厕所里,可是我没有偷它。"

我露出微笑:"对,我确定你没有偷。我只是很想听听关于它的事。"

她用疑惑的眼神盯着我。

"你对那本书做了什么？"我问。

席拉显然不明白我为什么想知道这些事："嗯，我拿来读。"她说，声音中充满了不信任，就像我问了一个很蠢的问题一样。然而她还是很担心，仍然认为那是一种指责。

"你读了那本书？它听起来像是大人看的书啊。"

"嗯，我没有全部读。可是它的封面上印有'爱的动产'几个字，所以我真的对它很好奇，因为那张图片，因为那个男人对封面上那个女人做的事。"

"我明白了。"我的回答也不是很确定。

她耸耸肩："可是我在书里找不到什么好东西，所以我又把它丢掉了。"

我们不久就发现席拉的智商超过一百八，像是充了电似的。事实上，她更像核子武器。

席拉是个天赋极高的孩子，但这对于改变她的贫困、她受虐的背景、她持续无法无天行径的事实并没有帮助。她有太多需要改善的地方，我不知道该从何处着手，只好从很小的事情，从那些我知道自己的能力可以改变的事情开始。

席拉的卫生状况令人不敢恭维。她实际上只有一套衣服：一件褪色的棕色条纹T恤和一件穿得很旧的牛仔布连身裤,全都太小了。她穿了一双红白相间的帆布鞋,脚趾处还有破洞。她穿了内衣,但没有穿袜子。就算这些行头曾经清洗过也不太看得出来。

席拉当然也没有洗澡。她的双手和手肘还有脚踝附近全都是污垢,所以这几个部位的皮肤上都已经出现一条一条黑黑的线。更糟的是,她还会尿床。席拉所到之处都有一股尿骚味。我好奇地问席拉有关她家的清洗设备时,才发现他们没有自来水。

从这个地方着手似乎最理想不过。靠近席拉令人感到很不舒服,所以大家都离她远远的;于是我带来毛巾、肥皂和洗发精,开始在教室后面的大水槽里帮席拉洗澡。

我在帮她洗澡时第一次注意到她身上的疤痕。那些疤小小的,圆圆的,而且相当多,尤其是她的上臂和下臂内侧。那些都是旧伤疤,而且早已愈合,可是我看得出那是什么疤:是香烟烫伤皮肤后留下来的。

"这些是你爸弄的吗?"我问,试着尽可能让语气听起来很平常,像对话的样子。

"我爸,他才不会这样!他不会伤我伤得那么重。"她回答,语中带刺,"他爱我。"我明白她知道我在问什么。

我点点头,把她抱出水槽擦干身子。席拉沉默了一会儿,接着扭过身子看着我的眼睛:"不过,你知道我妈妈做的事吗?"

"不知道,什么事?"

她抬起一条腿，把它转过来给我看。那条腿的外侧，就在脚踝上方，有一道大约两寸长的疤："我妈妈，她把我推出车外，我跌了下去，因此有块石头割到了我的脚。看到了吗？"

我弯腰向前检查那道疤。

"我爸，他爱我，他不会把我丢在马路上。她不应该那样对小孩子的。"

"是的，是不该。"

我帮她擦干身子，开始梳理她刚洗好的头发，这期间，我们都没说话。席拉闷闷不乐起来，"我妈妈，她不是那么爱我。"她说。她的声音很认真，但是冷静又实际。她像是在讨论班上一个孩子、一张作业，或是像天气那类的事情："我妈妈，她带吉米到加州。吉米，他是我弟弟，他四岁了，只是我妈妈离开时，他只有两岁。"过了一会儿，席拉又看了一下她的疤："一开始，我妈妈带了吉米和我，只是她厌倦我了。所以，她就打开车门，把我推出去，有块石头就割到了我的脚。"

和席拉相处的头几个星期好像搭云霄飞车，有些日子像在爬升。席拉对她所处的这个新环境有种欢喜的敬畏，给她的性格带来些许阳光。她渴望融入团体里，还用她特有的方式努力取悦安东和我。然而其他日子却像下坡，有时候就这么突如其来。尽管席拉一开始进步神速，但她依然会做出那种令人毛骨悚然的行为。

席拉认为这个世界非常险恶。她生存的信条就是先下手为强，报复的手段尤其激烈。如果有人错怪了席拉或只是对她有点专制，她就极需要精准而痛苦的报复。有一次，她在另一位老师的教室里造成好几百元的损失，以报复那位老师在餐厅里斥责她。

复杂的校车行程解救了我们。席拉到我班级来的头几个月，她的行为已经让她成为之前两班校车的拒绝往来户，现在她唯一能搭的是高中的校车。不幸的是，这班校车在我们班下课后两个小时才会开。因此，席拉必须和安东还有我留在学校里，直到车来的时候才走。

我刚得知这件事时好担心，因为放学后那两个小时是我的计划和准备时间，而且我无法想象，我在做这些事的同时，还要照顾一个像席拉这样反复无常的孩子。然而，我们没有选择的余地。

一开始，我让她玩教室里的玩具，而我则坐在桌子旁忙我自己的工作。不过她自己玩了约十五分钟后，一定会走到正在工作的我旁边。她总是有一大堆问题。那是什么？这是做什么用的？你为什么要做那个？这个怎么会是这样？那个东西你是要做什么用的？没完没了。后来我才明白，我们大部分的时间都在谈话，才明白自己有多喜欢和她谈话。

她喜欢看书，而且我认为任何我拿给她的书她都能读。她的困难并不是看不懂书上的字，而是如何把书上的字转换为有意义的东西。席拉的生活太过贫乏，因此对于很多她读到的东西都没有感觉。因此,我开始和她一起看书。

和席拉共看一本书是有点强迫性的事。当我准备大声念书给她听时,我们会一起依偎在阅读角落里,而因为她是那么急于想听那本书,整个身子兴奋得紧绷起来。小熊维尼(Winnie the Pooh)、独脚海盗(Long John Silver,《金银岛》一书中的人物)和彼得潘(Peter Pan)的魅力确实胜过《爱的动产》。然而,所有的书当中,席拉最喜欢的是圣埃克苏佩里(Saint-Exupery)的《小王子》(*The Little Prince*)。她对这个困惑又复杂的小主角深深着迷,完全能了解他的差异性。小王子时而成熟,时而不成熟,时而具有深度,时而器量狭小,而且总是置身事外,与席拉深刻对话。那本书我们读了好多遍,以致她都能默背出长长的一段。

不看书时,我们就谈话。席拉会靠在桌上看着我工作,或是在我们看到书中某个点时停下来让我来解释一个观念,接着话匣子就这样打开了,再也没有回到书上的故事。

一点一滴地,我了解了更多关于席拉在移民营里的生活,关于她父亲和那些在深夜和他一起回家的女性朋友们的事。席拉跟我说,她把他的啤酒藏在沙发后面,不让他喝太多,还有,在他睡着后,她会起床把他的香烟熄掉。我听到更多有关她母亲、她弟弟和她被遗弃的事,听到席拉另一所学校和其他老师的事,还有她没和我们在一起时如何打发白天和夜晚的时间。为了回馈她,我告诉她我的世界和我的希望,那同样也可以是她的世界和希望。

那两个小时是天赐良机。席拉短短几年的人生都被忽略和否定，而且经常公然遭人排斥。她很少和成熟、有爱心的成人相处，她的环境也很少安定过，而现在，她发现了成熟、有爱心的成人和安定的环境，于是急于拥有这些。上课时，教室里的忙碌气氛不允许我分心照料单独一个学生，自然也就无法弥补席拉所缺少的关爱。但是在我们单独相处的宁静午后时光，她已经尝试按照我教给她的行为方式开始新的生活。

2

被母亲遗弃的阴影

> 她一再严词攻击,不论我说什么,多努力解释自己只离开两天,都无法平息席拉的怒气。

席拉真正的问题,在于她和她母亲两年前在那条漆黑的高速公路上所发生的事。她高于常人的智商把那件事描述得相当清楚,非常明确地表达了她的痛苦。

被遗弃这件事和席拉的行为障碍之间的关系,在学校的作业上变得最为明显。尽管席拉天资聪颖,但她就是不愿意做任何书写的作业。一开始我并没有把这两件事联想在一起。我原本认为她攻击性的不良行为是任性,之后我才明白那是她避免拿着笔坐在桌子前的手段。强迫她坐在桌子前是一大奋战,而即使她坐到桌子前,也拒绝写作业。当她终于开始接受书面作业时,她还是会揉掉两三张不完美的作业,最后才交出一张完整的。

有一次，席拉在上课时很不平静，放学后独自和我留在教室里。我办公桌上的纸用完了，她和我下楼一起去取，这时，她在垃圾桶里发现一张五年级的数学测验卷原稿。席拉很喜欢数学，这是她最拿手的科目，找到这张测验卷让她好开心。测验卷上是分数的乘法和除法，都是我还未教席拉的部分，可是她浏览过那张测验卷之后，就确定自己会做。回到教室后，她坐到我桌子的对面，开始将答案写在纸上——这是席拉少有的反应。她做完那张测验卷后，很得意地把卷子拿给我看，还问她答得对不对。乘法部分完全正确，但可惜的是，除法的部分她并没有把分数倒过来，所以全都答错了。我把那张测验卷翻过来，在上面画了一个圆，把那个圆分成几部分，解释为什么必须把分数倒过来。我还未开口说明，席拉就发觉她的答案错了。她迅速从我的铅笔下抽出那张卷子，把它揉成一小团，用力往桌上一敲，然后啪嗒一声坐下来，把头埋在双臂之中。

"你不懂，亲爱的。没有人教过你这个啊。"

"我想让你知道，就算没有人帮忙，我也会做。"

"席拉，那没有什么好难过的。你做得很棒。你试过了，那是最重要的部分。下次你就能做对了。"

我说什么都安慰不了她，她用手遮住脸，坐在那里好一会儿。后来，她慢慢把手拿开，摊开那张纸，在桌面上把它压平："我打赌，如果我可以答对数学题目，我妈妈，她就不会把我留在高速公路上，像她之前那样。如果我会做五年级的数学题目，她就会以我为荣。"

"席拉，我不认为数学题目和那件事有什么关系。"

"她走了，因为她不再爱我了。你不会把你爱的孩子留在高速公路上的，像她对我做的那样。而且我还割伤了腿，看到了吗？"她第一百次展示那道小小的白色疤痕，"如果我好一点，她就不会那么做了。"

"席拉，我们不知道当时发生了什么事，不过我认为你妈妈有她自己的问题要处理。"

"可是她带了吉米。为什么她能带着吉米，却遗弃了我？"

"我不知道，亲爱的。"

席拉坐在桌子对面看着我，眼神中充满困惑和伤痛："桃莉，为什么会那样呢？为什么她带走他，却把我留下来呢？我为什么会那么坏？"她眼中噙着泪，不过，一如往常，她的泪水还是没有掉下来。

"哦，亲爱的，这跟你没有关系。相信我。那不是你的错。她不是因为你不乖才离开你的。她只是自己有太多问题，那不是你的错。"

"我爸，他是那么说的。他说，如果我乖一点，她就不会那样做了。"

我的心往下沉。没有什么好争的，赢的机会太少了。

这件事影响了她所有的事：她的功课、她的行为、她对其他小孩和大人的态度。几个星期后，尤其经过我们在放学后时间里的大量亲密接触后，我很清楚会发生什么事。我是第一个有机会花那么多时间固定和席拉相处同时教导她的女性，而她则拼命想抓住这层关系。

该让她这样吗？这个问题不断出现在我的脑海里。我所受的训练，不论在教育上还是在心理学上，都严格提醒我不要过于投入，而我也努力要抓住适当的平衡点。可是，我也反对完全不投入。我个人的哲理基础是承诺。我认为那是一个人对另一个人的明确承诺，是我对那些孩子的承诺，那会促成明确的改变。真诚的承诺怎么能够不投入呢？那是名词上的矛盾。

直觉上，我认为席拉必须有这层关系，少了这层关系，她永远无法进步。她唯有知道别人关心她、看重她、能对她许下承诺，才会获得她需要的尊重。席拉需要知道，她母亲无法提供这种承诺并不表示席拉不值得她这么做。然而在理智上，我知道自己正在走钢索。

危险在二月出现了，就在席拉加入我的班级七周之后。我必须参加一场其他州举行的会议，那意味着我必须离开这个班级两天。为了有充分的预警，我尽力为我的缺席和代课老师做课程准备，也事先告诉席拉他们的事。席拉的反应仍然是愤怒。

"我永远、永远不再喜欢你了！我永远不再做你要求我做的事了。你要离开我,这一点都不公平!难道你不知道你不应该那么做吗?我妈妈就是那样做的,那样对小孩子并不是一件好事。抛弃小孩是会被抓去关起来的。我爸,他说的。"

她一再严词攻击,不论我说什么,多努力解释自己只离开两天,都无法平息席拉的怒气。我不在时,她又恢复所有的恶劣行径。她和其他小孩打架,打得流鼻血,还抓破皮肤。唱机被毁,门上的小窗子也破了。尽管安东努力盯着席拉,她还是破坏了教室,代课老师则每天都带着眼泪回家。

我原本期待席拉会有较好的表现,看到她那么不合作,我的愤怒不亚于她。她是个聪明的孩子,她知道两天有多长。我已经尽力解释我要去的地方、要去做的事,还有回来的时间。她是知道的。为什么我不能信任她会在这两天管好自己呢?

说得更明白一点,我觉得自己遭人背叛了。我知道自己允许她渐渐依赖我是一件很危险的事,因此我需要直接证明我的做法没有错,证明她的依赖是自然的,是健康的,不会太严重的。最多再过三个半月,学年结束时,我终究还是要离开她的,如果州立医院的儿童部开放,可能还会更快。为了求心安,我需要确定自己是在帮助她,而不是伤害她——我假定自己是诚实的——我期待她会证明给我看。我已经对她付出那么多,在我内心深处,我相信她多少会回馈我一点。当她没有达到我的期望时,我完全无法控制自己的怒气。

委婉地说，我们那一天很不好，就连放学后我们独处时，两人之间还是存在着很不自然的沉默。我主动提议要做我们一直很喜欢做的事：大声念书给她听，让她协助我改作业，和我一起到楼下的教师休息室喝一杯饮料。可是她只是摇摇头，自己一个人躲在教室远远的一个角落里玩玩具车。放学后的第一个小时过去了。她站起来，走到窗边看着外面。后来当我抬起头时，她人还在那里，不过却转过身子来看着我。

"你为什么回来？"她轻声问道。

"我只是去演讲而已。我从未打算要离开。这是我的工作，在这里和你们这些孩子在一起。"

"可是你为什么回来？"

"因为我说过我会回来。我喜欢这里，我属于这里。"

她慢慢走近我工作的桌子。她已经放下防卫的姿态，但眼神中的痛苦清晰可见。

"你不相信我会回来，对不对？"

她摇摇头："不相信。"

3

留住席拉

那是一通我害怕的电话。电话另一端是特教部门的主任：州立医院的儿童部已经有空缺了，席拉在我班上的时间结束了。

由于我的缺席而引起的争执并未产生任何持续效应。事实上，情况正好相反。席拉变得很想讨论那件事：我曾经离开过；我回来了。她很生气，很不友善；我也很生气，很不友善。每个细节她都想一遍又一遍地讨论，直到那件事对她来说慢慢变得合乎逻辑为止。当然，我回来的事实对她来说非常重要，但我愤怒的程度也一样。或许她认为她已经见过我最坏的样子，她可以完全信任我了。我不知道。有趣的是，这件事情之后，席拉摧毁性的行为几乎消失了。对于难以接受的规矩，她还是会生气，不过突如其来的狂暴行为却再也没有出现过。

席拉像水仙花一样，尽管是寒冷的冬天，依然美丽绽放。在她环境的限制下，她现在已算相当干净，更棒的是，她知道什么是干净，还会自行清理肮脏的地方。她渐渐以友善和适当的方式与班上其他小孩互动，还到班上其中一名女孩的家玩了几次，享受一般学校小女生之间的友谊。在课业上的学习也十分顺利，我拿任何东西给她，她几乎都十分兴奋。我们还得面对她对书面作业的恐惧，不过三月过后，她在这方面也有了进步。她几乎都是在试过两三次之后才会把书面作业交给我看。不论我用多么轻柔的口气指出她的错误，她对我改正她的作业仍然十分敏感，还是会很生气；情绪不稳定时，她会绝望地把头埋在手臂之中，不过我们都应付得过来。

放学后，席拉和我再次回到《小王子》的故事。我们两个人依偎在阅读角落的枕头上，开始念那本书。我念到小王子要求作者画一只羊给他那一段。

"一只羊，如果它吃矮树丛，那它也会吃花吗？"
"羊，"我回答，"会吃所有它够得着的东西。"
"连有刺的花也吃吗？"
"没错，连有刺的花也吃。"
"刺，是做什么用的……？"
王子一旦提出一个问题，就一定要得到答案。对我而言，这种突如其来的问题会让我很烦。而我总是回答最先想到的答案：

"刺一点用也没有。花有刺只是为了泄恨！"

"哦！"

之后有好一会儿的完全沉默。然后小王子突然很生气地对我说："我不相信你！花是柔弱的生物，它们很单纯……"

席拉把手横放在那一页上："我有事要问你。'单纯'是什么意思？"

"意思是做事方法很简单的人。他们没有太多和世人打交道的经验。"我回答。

"我单纯吗？"她抬头问我。

"不，我不会那么说。以你的年纪来说不会。"

她的视线又回到书上："小花认为她有经验。"

我点点头。

"可是王子认为她没有，"她露出微笑，"我真的很喜欢这一段。我喜欢这朵花。"

我们继续念下去。

所以她很快也开始用她的自负来折磨他，如果要说实话，那还真有点难应付。例如，有一天，当她说到她那四根刺时，她对小王子说：

"让老虎带着它们的爪子过来!"

"我的星球上没有老虎,"小王子反对,"再说,老虎也不吃杂草。"

"我不是杂草。"小花温柔地回答。

"请原谅我……"

"我一点也不怕老虎……"

教室的门开了,秘书探头进来:"抱歉,打扰了,桃莉,办公室有你的电话。"

我把书交给席拉,起身下楼去接电话。

那是一通我害怕的电话。电话另一端是特教部门的主任:州立医院的儿童部已经有空缺了,席拉在我班上的时间结束了。

说我很震惊并不足以形容我对那个消息所产生的强烈情绪。不论席拉的障碍是什么,她都不属于精神病院。她聪明、有创意、敏感、理解力强,她属于我们这一群,而最后还要回到一般学校的正规班。

我难过,我恳求,最后我还发了脾气。主任专心听我说话。以前他和我相处得很好,我一直认为他在这个地区里和我是同一国的,我把他当成可以依靠的良师,正因为这样,他的来电更令人难以接受。

"这件事早在我们还没有介入以前就决定了,桃莉,"他说,

"这一点你很清楚。我们没有其他办法。"

我心想,可怜的小花,对她凶狠的刺那么自豪,但是当老虎真的来到时,那些刺却一点保护作用都没有。

我不能没有争取就接受事实。席拉一月来到我班级时,她是我所遇到的最没有希望的个案,如果他们那个时候把她带走,我或许会接受。可是现在……想到像席拉这样一个有才能的孩子在六岁时就被收容到精神病院里,真叫我心寒。

那天晚上在家里,当我心不在焉地和我的男友查德一起看电视时,我想到了一个计划。我有那么多证据可以证明席拉的聪明和进步,我在想或许有机会改变这件事。事情必须以正式、明确的方式进行,而且要迅速着手。我看了一眼查德,他是城里一家法律事务所的新合伙人,大部分时间都是担任那些雇不起法律顾问的人的法庭指定律师,所以他知道窍门。

"有没有一个合法的方式可以用来对抗他们处理席拉的方法?"我谨慎地问道。

"你想对抗?"他回答,他感觉到我话里的意思。

"总得有人去做。我很确定学校方面会支持我。学校的心理医生做过智力测验,他有席拉是天才的证据,而艾德也知道。"

一阵停顿。我喃喃自语了一下。我是那种查德所描述的"不受约束的人",所以我认为他猜得到我对将要发生的事的关心。

"你愿意为我接下这个案子吗?"我问。

"我?"

没错,就是他。

事情就这么定了。我得到学校方面的全力支持,他们甚至还支付了查德的律师服务费。我把我所制作的有关席拉在班上上课情形的录像带、她的作业、心理医生的评估,以及我能够找到用来证明席拉稳定进步的其他东西都整理在一起。这里面最弱的一环就是席拉的父亲,他本身就多次进出医院,而且他似乎不认为帮自己的女儿追求一个不一样的人生有什么重要。他非常怀疑我们所做的事。我可以感觉到,在他粗野的行为之下,他真的很爱席拉,但我们花了好几个晚上与喝得醉醺醺的他沟通,才说服他接受我们的做法是对的。

听证会在二月的最后一天举行,那是个阴暗、有风的日子,水仙必然再次被雪压弯。席拉必须过来,她还是穿着那件T恤和那件过小的连身牛仔裤,衣裤都很干净,而且我已经让她父亲接受教会捐献箱拿来的袜子和手套,可那已经是我的能力极限。她和一位接待员坐在法庭外面,以备我们需要叫她进去。

我在法庭里见到了遭到席拉诱拐和放火烧伤的那个男孩的父母亲。那是我第一次见到他们。到那一刻为止,对我来说,让她被安置到我班上的那个事件似乎很遥远。事实上,我想我之所以在心里与它保持距离,是试着让那样一个预谋的残酷行为变得不真实。席拉当然做过一些残暴的事,而且她也当着我的面做过许多那样的事,所以我总认为我对真实的她已经很了解,但这是我第一次必须面对另一个观点。要不是我极力想感觉自己所做的事百分之百正确,这会让我很难过的。报复并不会让他们的儿子蒙受的伤害恢复,却会毁了席拉的一生。对这个女孩来说,这是唯一正确的路。然而,听证会却让我再次认识到她的罪行有多重大。

法官做出的裁决对席拉有利。她仍旧由社会服务部门监管,但拘留在儿童部门的命令被撤销了。法院大厅里传来一阵欢呼声,之后,查德和我带席拉外出庆祝。

那是个奇妙的夜晚,是体验大于事情总和的那些时光之一。带着对于成功的高涨情绪,我们到查德和我经常去的一个地方吃比萨,那里面充满了烟雾、爵士乐和说意大利语的人。席拉从未吃过比萨,这新的体验让她很兴奋。事实上,她喜欢查德,而他同样也喜欢她。他很快就和我一样被她所吸引。

他们两个人开始一项愚蠢的比赛。你最喜欢的是什么?吃虫虫圣代或是用蜘蛛牙刷刷牙?等等之类的事。后来查德很正经地问她,全世界她真正最喜欢的东西。答案是一件洋装,一件可以穿的漂亮东西。查德坚持要扮演圣诞老人,他立刻带我们到购物中心去。尽管席拉害怕她父亲不会让她接受一件洋装,但查德要她安心,还帮她找出她最喜欢的一件。

席拉在回移民营的路上睡着了。

"好了,灰姑娘。"查德说,绕过车子走到我这一侧,把车门打开。他伸手把她抱起来,"舞会结束了。"

她面带睡意,微笑地看着他。

"来吧,我来带你进去,告诉你爸爸我们去做了什么事。"

她把头埋在我的头发里:"我不想走。"她小声说。

"今天晚上很棒,对不对?"我说。

她点点头,紧紧地靠着我:"我可以亲你吗?"

"我想可以。"我紧紧地抱着她,先亲了她一下。

告别特教班

> 如果我伸出手来,我确定自己可以摸到她的痛苦,但我没有这么做,因为我也很痛苦。

那个学年结束时,我的班级也就跟着结束了。主流教学法规定每位有障碍的孩子都应该被安置在主要障碍因素受到最少限制的班级中。大部分的特教班都将解散,而像我这样的老师会被重新调整为"资源人力",支持班上有特教儿童的正规班级教师。

我并不是很喜欢这样的改变。我接受这条法律所提出来的观点基础是它会提供给残障的孩子较好的质量和机会,但我天生就是个愤世嫉俗者。在我看来,更明显的因素是,用这种方式教育残障学生成本比较低。

就个人的层面来说,我的教学方式最适用在独立教室的非公开环境里。我在这样的环境里可以表现得最好。创造组织严密、支持性的环境是我的个人特色,在这种环境下,我可以激励学生正面成长。因此,在我的学生被简化为教育问题一览表,而我一个星期只有二十分钟可以奉献的情况下,我不愿意成为流动资源人力。然而,最困难的部分受理论的约束。我是个折中主义者,会从各项资源中挑选我的操作方法,有些方法是完全在教育体系之外的。在处理人类行为中的各种障碍时,这似乎是唯一合理的方法。不过,新法律将会限制我们,通常是对行为修正某些形式上的限制。我的能力足以应付这种方法,但我认为它就方法来说是反应过度,就理论来说则相当危险。因此,我认为自己还未准备好受制于这些新规定,于是我向外州一所大学申请从事进一步的研究工作,而且已经获准。

当时是五月,而学校即将在六月第一周结束。席拉和我们在一起的四个半月里,她已经变得活泼、开朗。从二月我去开会那个星期以来,我们就没有经历过严重的行为失当情况。当她受到刺激还是会发脾气时,一般的纪律就能使她恢复常态。她现在可以不用破坏性的行为来表达愤怒,可以讲道理,甚至还可以接受一点温和的批评而不会被击溃。简单地说,我不认为席拉还需要上特教班。她还是很脆弱,而且她的安排还需要好好思考,但我深信她有能力进入正规班。

我有一位好朋友在另一所学校担任三年级老师,她叫仙蒂·马奎尔,我认为由她来担任席拉下一任的老师再好不过了。她年轻、富有创新精神，因感性对待学生而深受好评，她的许多学生都出身于少数民族或十分贫穷的家庭。虽然我们的教学风格迥异，但我们有相似的观点。如果由她来担任席拉的老师，我有信心席拉会得到转回主流教学所需要有的支持和鼓励。

一开始，特教部门的主任艾德并不赞成这个做法，因为这不仅表示同意让席拉回到正规班上课，也表示她要跳升一级，这一点令他十分为难。不过，进一步讨论后，我们都同意这是最好的选择。在课业上，席拉的程度至少比同年的小孩高出两级，也没有中断现阶段同学友谊的顾虑。再者，我怕如果席拉没有一定量的课业挑战，她会为了打发时间而惹麻烦。然而，最重要的因素还是老师。席拉必须有一位有弹性、懂得包容的老师来妥善处理离开我和我的班级，转到一个新环境的过渡时期，而我相信仙蒂是最佳人选。最后，艾德和安排小组都同意了。

席拉可没有同意。

我提起这件事时相当谨慎，但我并不是试探，因为席拉对任何不确定的事都会追根究底。再说，已经不能再试探了，六月转眼就到，到时候班级就会解散。

我最初提起这件事时面对的是席拉的泪水、愤怒和沉默。一个星期大半的时间里，只要一提到这件事，我们就会紧张地在这件事上打转。

"这里就是我的班级，"放学后席拉小声对我说。自从她加入我们这个班级几个月以来,她独特的说话方式几乎已经消失,可是现在又回来了,"我才不要到别的班级去,这里就是我的班级。"

"是啊,没错,不过再过几个星期学年就结束了,我们必须想到下学年的事。"

"我下个学年也要在这里。"

我的心往下沉:"不,小甜心。"

"我就是要!"她大叫,"我会做一个全世界最坏的小孩。那样他们就不会允许你让我走!"

"哦,席拉。哦,甜心,事情不是这样的。我并没有要把你踢出去。我真的很喜欢有你陪着我。"

她还在生气,脸涨红着,眼神流露出委屈。她用双手捂住耳朵。

"这个班下学年就不在这里了。"我轻柔地说。

即使她用手捂住耳朵,还是听到我的话了。她脸上的红晕褪掉了:"你是什么意思?它要到哪里去?"

"这是大人们的决定。学校方面决定不需要这个班级了,所有的人都要转到其他班级上课。"

泪水在她的眼眶里打转。她拉出我桌子对面的椅子,砰一声坐在椅子上,两手交叉放在桌上,把头埋在里面,泪水掉了下来。看得出来她相当难过。如果我伸出手来,我确定自己可以摸到她的痛苦,但我没有这么做,因为我也很痛苦。

当时我所想的就是我们多么期望她的包容、接受和理解，但她只有六岁。六岁，看在老天的份儿上，她要到七月才满七岁。

我究竟把她变成什么样子了？我有满腔的奉献思想，爱过再失去也强过根本没有爱过。可是她是这么想的吗？我给过她选择的机会吗？

另一方面，有什么选择？做我做过的事，或不管她，只要等着日子过去直到他们过来要人为止？能选择的真的不多。看着她流泪，我不知道即使选择那么少，自己做出的选择是否正确。

席拉站起来，走到阅读角落里，用枕头盖住自己。我依然坐在我的座位上听她哭。最后，我起身走过去。

"你怎么不留下来把我教好？"她语带困惑地问我。

"因为让你变好的并不是我，是你。我在这里是让你知道，不管你是好是坏，都有人关心。而以那种方式来看，我将永远不会离开你，因为我会永远关心你。"

"你就和我妈妈一样。"她说。

"不，席拉，我不一样。"

"你要离开我，就像她一样。"

"不是的，席拉，这是不一样的。"

"她从来都没有真正爱过我，"她就事论事地轻声说，"她比较爱我弟弟，比较不爱我。她把我像狗一样丢在高速公路上，就像我不是她的孩子一样。"

"我不是她,我不知道她为什么那么做,可这是不一样的,席拉。我是老师,我的课在六月就结束了。不过我还是爱你。我不再是你的老师,可是我还是你的朋友。"

"我不要当朋友,我要留在这个班级里。"

我伸出手去抱她:"我知道你想留在这个班级里,甜心。我也想。我希望可以永远这样。"

她躲开我:"你就和我妈妈一样坏。"

"这不一样。"

"在我看来都一样。"

最后几个星期过得很情绪化。席拉时常流眼泪,不过并不是愤怒的眼泪,只是流泪,总是在最出乎意料的时候突然流下眼泪:周三下午烤饼干的时候,拿水给我们那只难缠的兔子喝时,自己在阅读角落看书的时候。我认为那是分离过程的一部分,所以我接受她的情绪,让她自在一点,或让她以自己的步调来接受事实。而泪水绝非她唯一的表达方式,还有许多热闹、快乐的时刻。

我带她去拜访仙蒂,顺便去参观她的教室,而且还安排席拉到那里上一天课试试看。当我还在怀疑会发生什么事时,仙蒂热情、开朗的个性和三年级教室更为刺激的环境已吸引了席拉。孩子们的学习态度很积极,忙着进行吸引人的企划和工作,其中有许多孩子都是自发的。大致上来说,这个班级的环境和我的有相当大的差异,在我的班级里,能上厕所就已经是一项成就了。席拉参观回来之后显得十分兴奋,言谈之间都是"明年,我到马奎尔小姐的班上时……",那时我知道她已经不需要我了。

最后一天终于到了。

我们在公园里办了一场野餐会,庆祝我们在一起的这一年。所有的家长都获邀参加,我们还带了打包好的午餐和冰淇淋,以及举办一场美好野餐会该有的各种装饰配件。这个公园是座相当漂亮的市立公园,有一条长长的、蜿蜒的小路,小路上种满了洋槐,一条潺潺小河穿过天然岩石瀑布,流进一个有垂柳环绕的大型野鸭池塘,古老的梧桐树和橡树下是一大片一大片的草地。

席拉喜欢这座公园。她到我的班级来之前,从未到过那里,因为那里离移民营相当远,不过离学校只有几条街,所以我带班上的小孩去过几次。那一天,她父亲没有来,但看得出来,他正努力和席拉相处。她穿着一件鲜橘色的日光浴装,很兴奋地告诉我们那是前一天晚上她父亲带她到折扣商店买的,是特别让她穿来参加野餐会的。她那一天非常高兴,在阳光下蹦蹦跳跳、手舞足蹈。后来每当我闻到洋槐开花的香味或看到野鸭池塘时,就会记起那个蹦蹦跳跳的橘色身影。

最后,她在教室门口和安东道别,最后一次和我一起走到高中部搭她的校车。我把那本已经翻烂的《小王子》给她带着,它是过去五个月的真实回忆,我们走路时,她就紧紧地抓着那本书。

她跑上校车的台阶，直接跑到后面，爬上椅子，从后面的窗户对着我们挥手。校车发出隆隆声响，柴油烟盖住了洋槐花的香味。她说了"再见"，不过因为玻璃和引擎声响的关系，我并没有听见。校车开始驶离，她着急地挥手。

　　"再见了。"我说，在巴士转过角落，从视线消失时，我也举起手来挥手。接着我转身，走回我的教室。

收到席拉的信

> 信封里没有其他东西,没有信,连张小纸条都没有。

秋天来临时,我已距离学校、移民营和洋槐树有一千里之远。在研究所安顿好之后,我大部分闲暇时间都在做研究。几年前,我对以心理为主的语言问题就相当有兴趣,尤其是选择性缄默症,也就是一个人会说话,可是因为情绪因素而无法说话,然而我在从事全职教学工作时,必须把这一项放在最后,因为没有时间研究。现在我可以去做我想做的工作。我白天还是有机会和孩子们接触,但这与之前的那个班级完全不同,孩子的资质也不同。这一点没有问题,我已经准备好接受改变,我发现这项新工作相当值得尝试。

那年夏天,查德和我分开了。过去三年来,我们相处的时间相当多,尤其是最后一年,我们已变得越来越亲近。席拉用她特有的方式，让我们变得更为亲近。之前，查德只是我私人生活的一部分。我向来严格区分我的私人生活和教学生活，可是席拉三月份的听证会他也参与了。查德带席拉和我到外面吃比萨那个晚上的魔力实在太神奇了，而且我认为，我们三个人当时都陷在我们是一家人的梦幻里。查德、席拉和我，当时看起来一点也没错，然而，回到寒冷、强烈的白天光线下，我知道那是不对的。查德的年龄比我大，而且在年轻时纵情玩乐过，可是我当时还相当年轻，我知道我还未准备好承诺查德需要的那种较亲密的关系。我非常看重承诺，不会轻易做出承诺。我知道，如果我那时就去尝试迷人的家庭生活幻想，肯定会失败。这也是我把转变跑道的决定暂时搁下，搬离那个地区的原因。我爱查德，而且不想结束我们的关系，可是我也不想强化这种关系。让两个人保持距离似乎是个合理的解决方法。

查德当然懂我的意思，不过并不是很高兴。对他来说，当时是他结婚的好时机。最后那八个星期和席拉的相处已经证明这就是他想要的。他对我的犹豫感到恼怒，一会儿气我的不成熟，一会儿又强烈感到受伤，感叹事情不公平，因为不论一个男人为了当父亲做了多少准备，少了女人，他就是当不成。我觉得很难过，一个人在感情关系破裂时都会这样，可是我还是继续我的计划，明白这么做才是正确的。

席拉进入仙蒂·马奎尔三年级的班级就读，而且在各方面的表现都相当优异。仙蒂大约每个月都会写信告诉我她的近况。我很高兴知道席拉逐渐适应环境、交了朋友，在学业成绩上也有很好的表现，更高兴知道她到学校上课时更干净，也被养得更胖了，这种种都让我对那个家的状况正逐渐改善怀抱希望。

我的另一个消息来源是安东。他还住在移民营，偶尔会在那里看到席拉。尽管去年秋天安东刚到我的班级时，我对他没什么信心，但结果证明他天生是当老师的料。他的人际关系相当好，尤其擅长和那些迟钝的还有讲西班牙语的孩子们相处，这些人在我们的移民人口当中占有相当大的比例。因为这样，他决定到附近的小区大学为取得教师资格而进修，同时继续在学校里担任助理。我以前学生的情况他都相当清楚，因此，收到安东的来信真是一大乐事。

我写信给席拉，我之前答应过她的，而她偶尔会回信给我。然而，她只有七岁，就像所有七岁大的孩子一样，不论天资多高，写信显然是令人讨厌的负担。她的来信并不定时，而且如果其间我没有收到仙蒂的来信，我根本不知道发生了什么事。事实上，席拉来信的内容比来信的数量更为古怪。因为某种原因，她把她的作业寄给我，而且有时候我连续好几个月都会收到。

一切都很顺利。热心又有点古怪的席拉在仙蒂的班上完成了那一年的学业，升上了四年级。仙蒂寄了一张她在学校的照片给我，照片中的她穿着一件鲜黄色的洋装，笑容好甜美，而且牙齿都不见了。除了太干净有些奇怪之外，她看起来相当不错。

秋天来了，但是席拉并没有出现。仙蒂寄了一封令我困惑的短笺给我，说席拉的名字已从注册簿上注销了。安东去调查这件事并回信告诉我，席拉和她父亲搬到那个州很偏远的一个小镇上，大约两百里之外。他们是在六月离开的，就在学校放假之后，好像是因为她父亲找到了一份工作。

　　我写信到我仅有的地址那里，也就是她的旧地址，但是没有得到任何回音。失去和席拉的联系让我很苦恼，我打了几个电话努力寻找她。在这过程中，我发现她好像在夏末时进入寄养系统，不过那只是个传言，我也没办法确定。我在她和她父亲搬过去的那个小镇上并没有熟人，而且我人还远在一千两百里之外的地方，不可能找出她在什么地方，也不清楚她的情况。

　　这件事令我相当难过。努力寻找席拉未果之后，有天下午，我向一位老同事透露这件事，她安慰我说这样比较好，我不应该紧抓着以前的学生不放。她露出温柔的微笑，拍拍我的肩膀："永远不要回顾过去。你应该爱他们，并且离开他们。"

　　三年后，我才又回到玛丽斯维尔探望老朋友。那时安东已经不在那里了，他已经完成小区大学两年的课程，还拿到一份奖学金到州立大学完成他的学士学位。不过我去看了仙蒂和惠妮，惠妮现在已经是高中生了。此外，我还到我原来上课的那间教室走了一趟，现在那个地方已经改为资源中心。

查德和我已经和平地分手了，不过却一直保持联络。他和一位名叫莉萨的律师同行结婚了，他们的第一个孩子即将在一个月之后诞生。

我们约好一起午餐，我到他的律师事务所和他碰面。他正在开会，于是我懒洋洋地在服务台那里边踱步边等他。这时，我注意到已决公文篮里的一张纸。我只是眼角扫到那张纸而已，但是那个名字把我拉了回去，那是席拉父亲的名字。我瞄了接待员一眼，明白自己不能过去看，可是我倒很想听听查德的说法。

"你不知道他又回去吃牢饭了吗？"针对我的问题，查德这么回答。

"不知道。这是什么时候的事？你从没告诉过我。"

"嗯，我不能，不是吗？"他语带歉意，"我的意思是，这是机密。再说，我以为你知道。"他没提的是，自从我们分手之后，除了圣诞卡之外，我们并没有什么来往。不过我还是有种被骗的感觉。

查德露出温柔的微笑："我最近并不常处理法律援助的个案，所以我自己也是看到档案夹才知道的。"

"发生了什么事？"

"我不能讨论，桃莉。"

"我又不是其他人，查德。我是第一个跟你提到他的人。"我觉得很难过、很痛心。我知道那不算是查德的错，而且我也完全了解他必须保有他当事人的隐私，可是这个冲击让我变得很急躁。

"嗯，只能说他还是老样子。他的老毛病又犯了。"

"那么席拉在什么地方？"

"我不知道。他在百乐汇（Broadview）住了几年，是在那里被逮捕且关进牢里的。他们送到这里来只是为了找档案。我从未见过他或其他东西。"

"那么席拉人呢？"我低声说，垂下了头。

这个发现让我的心都碎了，我努力要得知席拉的下落，可是手边却没什么资源。百乐汇仍在两百里之外，而且是个相对较大的城市，要找一个小女孩并不是件容易的事。十分肯定的是，在她父亲遭到逮捕、被送进牢房时，她就被安排在寄养系统里，而且好像还在。至于被安排到什么地方，和什么人在一起，以及会在那里多久，我都无从得知。传言指出，自从他们搬家开始，她就不断进出寄养家庭。

事实上，席拉在我班上的那一整段时间里，我们都认为寄养家庭是解决她问题的万灵丹。要是席拉能远离贫穷该有多好，要是她有个安定的家和爱她的父母亲该有多好，要是……我们没能安排她进入寄养家庭是因为玛丽斯维尔的社会服务部已经负荷过大，而她还有生父在身边。现在她在寄养家庭里，我应该感到高兴才对。但事实上，我并没有感到高兴。

回到家，我写了一封很长的信给席拉。我告诉她，我回去看过我们以前的学校和老朋友们。我提到我知道她的生活在过去十八个月里已经被瓦解了，也知道她现在和寄养父母住在一起。我说我希望她一切都很好，还有，如果有什么我帮得上忙的地方，我很乐意去做。我附上我的电话，还表示如果她愿意，她随时都可以打对方付费电话给我。接着我附上一张我去拜访仙蒂时和她的合照，还有一张我们最后一天野餐会时我帮席拉拍的照片。我把所有的东西折在一起，放进一个大信封内。可是我该把它寄到什么地方呢？最后，我把它寄给席拉的父亲，由监狱转交，并请他把信转给她。

* * *

我始终不知道席拉有没有收到我的信，不知道她晓不晓得我又试着在找她。那封信就如石沉大海。几个月之后，我开始接受不会有消息的事实。

要我接受这个事实真的很难，我无法想象她已经从我的人生中消失。但我不断想起我那位同事所说的话：你应该爱他们，并且离开他们。

两年后，我的书桌上出现一张小小的信封。这封信并不是寄到我家，而是我当时任教的大学。我一眼就认出席拉松散、潦草的字迹，于是迅速拆开那个信封。信封里面只有一张纸，一张上面有线、皱皱的笔记本纸。那张纸上面的字是用蓝色奇异笔写的，许多字上都有水渍，就像纸张曾被雨水溅到一样，或者是泪水？

给桃莉吾爱

所有的平静到来了

他们试着逗我笑

他们和我玩他们的游戏

有些游戏是为了好玩，有些是为了生计

之后他们离开了

留下我在游戏的残骸中

不知道哪些是为了生计

哪些是为了好玩

留下我独自一人面对

不属于我的欢笑回音。

然后你来了

带着你的趣味方式

不是那么有人性

然后你让我哭泣

而我哭泣时，你似乎不是那么在乎

你只是说游戏已经结束了

并等待

等到我的眼泪变成

欢乐。

信封里没有其他东西,没有信,连张小纸条都没有。在席拉只寄给我作业的那段时间,她似乎觉得没有解释的必要。这次该轮到我哭了,于是我流下眼泪。

第二部

完成第一本书

> 完成之后我才明白：两百二十五页的文章，不是为了我个人消遣而做的事，这是一本书。

我清楚记得魔法开始的那一刻。当时八岁的我是个三年级学生，在韦伯太太的班上表现并不出色。我并不怎么喜欢学校，我从来没有喜欢过。那段日子，我的世界是那条在我家下面奔流的宽阔、像沼泽的小溪，以及我挚爱的宠物们。学校是我喜欢这些东西的障碍。

在一个特别的早上，我那个阅读小组已经被打发回到书桌上做自习作业，韦伯太太则继续听下一组读书。在我的书桌上，我的作业簿下面，藏了一张纸，我没做我该做的事，反而偷偷利用这个机会写东西。我家有一只腊肠狗，它是我母亲在我七岁生日时送给我的礼物，我把它变成一则可怕故事里的英雄，故事里还包括我们家那只老母猫和一群掠夺、目光凶狠的乌鸦。我很专注，整个人陶醉在这个故事中，没有注意到韦伯太太走过来，接下来发生的事，就是一个八岁女孩没有做阅读作业时会发生的事。韦伯太太夺走我的故事，而下课休息时间，我则必须留下来写作业。

这件事本身没什么大不了的，只是很不幸，我很容易碰上这类事情，因此，我把它忘得一干二净。几个星期之后，我身体不舒服，好几天没去上学。当我回学校时，下午放学后就得留下来把没做的作业补上。韦伯太太趁这个机会清清她桌子的抽屉。我补完作业时，她交给我一张纸。"拿去吧，我想这是你的。"她说。那是我的狗和乌鸦的故事。

我拿起外套和我的东西准备回家，在走上走廊时开始读那张纸。走廊上又黑又静，因为其他学生早就走了。走到穿堂尽头时，我推开学校沉重的双扇门，坐在入口处的水泥台阶上把故事读完。

那一刻我记得相当清楚——水泥冰凉的感觉穿透我的裙子，深秋的阳光映照着黑漆漆的学校入口，空荡荡的操场上尽是诡异的寂静气氛，就连明白自己该回家，因为一旦我晚回去祖母就会担心的那种有点着急的心情都记得很清楚。然而，那张纸让我深深着迷。

故事全在那张纸上：我的狗，它的冒险经历。类似闹剧似的经验总是令我相当兴奋，而读那个故事的感觉就像我在写故事时一样兴奋。当我明白这一点时，我吃了一惊，把那张纸放下来。我记得放下那张纸，从纸上看过去，看到某个人在玩用粉笔画在操场上的跳房子游戏时，心中一阵感动。哇！我一直都在写作，因为我发现写作就像假装游戏：一种把自己暂时变作别人，做那个人，感觉他或她的感觉，体验他或她的冒险的机会；可是创作一旦完成，我从未真正回头去看自己所写的作品。现在我这么做了，就在两个星期后，而我确实感觉到了之前我写作时的确实体验。一模一样，再次经历，仿佛这两个星期根本不存在。我已经让时间停止了。而就在这里，在学校的台阶上，我知道自己撞见了一等一的魔法。真正的魔法！

那件事之后的童年，到青春期，到长大成人，写作一直都是推动我的一股力量。那是一种内心的，几乎是自动的活动，如同循环和消化系统一样，是我身体的一部分。我用各种方式写作：日记、轶事、故事。我用写作来了解其他人，给自己有进入他们内心的机会，看看从另一个观点来看世界是什么感觉。我用写作来了解我尚未遇到的感情和经验，用写作来了解我自己。

写作的确是一种强而有力但又有点不寻常的教育方法，特别是，它培养了我客观和具备同理心的能力，也让我更容易接受差异性，还有，当然也让我的观察更为敏锐。

我原本并没有打算攻读博士学位，但现在我剩下最后一年就可以拿到学位。我担任席拉的老师那一年已经领教过令人不安的主流教学法，虽然我还不是很喜欢它实施的所有方向，但几年后我还是回到课堂上，再度担任"居中的"资源教师，意思是我留在同一间教室里，而学生则是来来去去。这并不像我拥有自己的班级那样令人满意，但至少在一定的基础上，我看到的是同样的学生。

之后，华盛顿政府换了一批新人，随着政府改变，国家的总体看法也随之改变。我十年前卖力争取而来的结果单单一个签名就一扫而空，大家嘴上成天挂着的不是减税就是缩减公共支出。由于在公立学校里治疗残障儿童属于劳力密集的工作，成本很高，因此这个计划就成了最先被锁定的目标之一。除此之外，新政府更强调要把特殊教育儿童转到正规班，这么做可降低成本。我们被迫以不是对孩子最有利的方式来教导孩子，而对老师同样不利，因为许多正规班的教师并未受过应付残障儿童的训练。然而，这些观念是让我们能在政府要求我们注意成本的政策下带领孩子在体制内生存的唯一观念。市场经济现在已经应用到教育上了。

这个改变令我十分愤怒，我太清楚如果我继续在课堂上任教，我很快就会失业。我想攻读特殊教育的博士学位。这是个愚蠢的决定，这个学位会使我的资格超越特教制度里我真正喜欢的唯一部分：教学。更糟的是，这个学位会让我投入我避之唯恐不及的理论领域。因此，我从未真正在这上面用心过。

我以寻找其他方法来应付。在这方面，我继续自己在心理语言问题上的长期研究。我那些特教同事对这部分的兴趣较低，不过，我很快发现，大学医院院区内有项优势。我发觉，众多部门中的儿童和青少年精神医学部门的精神科医生以及其他专业人员当中也有努力的伙伴。尽管我的文凭是混合式的，但我的理想获得接受和鼓励，于是我的研究很积极。

一如往常，我以写作来打发闲暇时间。事实上，我当时写作的量比以前要多，这是因为我并没有全心投入工作的关系。

产生把和席拉相处的过程写出来的念头已经有一阵子了。我保存了相当多和那个班级有关的资料，我原本无意将它们作为将来写作的参考，只是因为我有点喜欢囤积东西，而且对所保存的东西都有感情。虽然我在教那个班级时并没有写日记，但我保有大量的有趣记录。除此之外，我可以自由使用录像机，正因为如此，我有相当多席拉的录像画面。我定期会看这些东西，一直都没忘记席拉的模样：她声音的变化，奇怪而轻快的文法结构。我必须把它写下来，必须把那五个月从匆匆消逝的时间中释放出来。

之后，一月一个漆黑的夜晚，在我下班开车返家的高速公路上，我想到书的开头，我回到家就动笔。经过八天的时间，写了两百二十五页之后，我完成了。

完成之后我才明白：两百二十五页的文章，不是为了我个人消遣而做的事，这是一本书。当时我就知道我必须找到席拉，先让她读过之后再继续进行下一个步骤。

私人诊所

> 我们用海报、漫画和相配的顽皮豹商标装饰墙壁。我们在这里工作、吵架，同时分享我们的问题。

有一间小型私人精神科诊所的招聘广告引起我的注意，它在玛丽斯维尔西方一座较大的城市里，约四小时车程。这些年来我一直都住在东部，没去过中西部。坦白讲，席拉也闪过我心头，她最后曾经住过的百乐汇是那座城的卫星小区。从我写那本书到现在已经过了六个月，而我却还没有席拉更进一步的消息。住在离她近一点的地方或许可以重新和她搭上线，并且恢复我们的关系，这个想法很吸引人。

桑德拉诊所聘请我担任研究心理人员，负责协调和监督工作人员之间的各种研究企划，同时继续我个人在选择性缄默症的研究工作。诊所里共有七名工作人员，其中五名，包括院长罗森泰博士在内，都是儿童精神科医生。他们几年前共同创立了这家诊所，并把这栋高雅的旧建筑改建为一系列高质量的办公室和治疗室。

我非常喜欢桑德拉诊所。我的同事们都相当有创意、热情而有活力，而且思路条理分明，大家就像一个团队一样合作无间。我们的领导人就是我们的院长。罗森泰博士的块头很大，身高超过六尺半，智力也和他的身材一样出众。他有那种有权势男人的魅力，不论这样的男人有什么样的生理特色，这种魅力都会让他们看起来更英俊潇洒。我进入这家诊所的第一年颇为敬畏他。他虽然是个地道的美国人，但他有一种欧洲人的拘谨。譬如，他从不直呼我们任何一个人的名字，通常都称呼我们为"医生"，不过我并不是医生，所以我就一直都是"海顿小姐"。这使他给人不易接近的感觉，再加上他令人敬畏的知识分子名气，使我在他身旁时总是提心吊胆。虽然如此，我后来还是知道他为人和蔼、态度坚定，对他的员工也很好，就像他和他所照顾的孩子们在一起时一样，向来非常非常公平。

和之前我已经习惯的在州立学校系统里的教学工作比起来，在诊所的生活真是奢侈。我们有很棒的设备，包括一间大型的阳光治疗室，里面都是我在特殊教育体系里很想有的东西，如一个五尺高的洋娃娃屋加上周边的洋娃娃家族，一匹小马大小的木制摇摇马，一个室内沙盒和一个水箱。

分配由我来治疗的孩子们大部分都有语言上的问题或是不会说话，但我也有许多时间从事研究企划或是和同事们会诊。我并不是很习惯五十分钟的"精神治疗时间",但是如果我不喜欢比较传统的咨询方式,而比较喜欢每周见我的病人两三次,或是在他们自己的地方进行治疗,我都可以自行安排,不一定要在诊所里。

唯一美中不足的地方就是,我大部分的同事都是弗洛伊德学说的忠实信徒,和我教育界的同事一样,坚持行为主义的观点,而我则像僧院里的无神论者。我的观点是,任何一个单一观念结构都无法拿来套用在所有人类的行为上。处理混乱的方法就是要我们创造理论,以获取有效改变的机会,可是创造这种处理方式的是我们这些职业医生,因为我们需要它。我的想法是,所有已知的理论都只是提供一个判断的途径,就像攀登著名的山脉一样,可以选择的小路很多。

大部分的时间我对于这种差异性都应付得过来,因为诊所的风气并不会要求我的做法要和我的同事们一样,再说我并没有精神病治疗的资格,他们也不期待我和他们一样。没错,我的观点是不同,而我想,就是那一点吸引了罗森泰博士。尽管如此,我却发现自己经常失言。

我并不是一位资格完整的精神病医生,所以我并没有资格拥有前面的办公室,而是和杰夫·唐林森共享诊所后面一间比普通房间略大一点的小房间。

已经拿到医生资格的杰夫正在接受最后一年的儿童心理医生实习。他有与生俱来的天赋,而且认为那是理所当然的事,一点都不谦虚。他天资聪颖，知道自己很出色，也知道其他人明白这一点。只要我对某些心理绝技大表惊讶时，他就会若无其事地说："超人会飞吗？"可是他说这句话时好天真，因此没有人会介意。太过天真了。

不幸的是，杰夫或许也是弗洛伊德的忠诚拥护者。他还有可能就是弗洛伊德本尊，有引述弗洛伊德的话的本事。杰夫会以相对精准的记忆把弗洛伊德所研究过的无数个案一字不差地重复一遍，迫使我闭嘴。一阵子之后，这变成我们之间的游戏，看看谁能辩赢对方。

事实上我是喜欢杰夫的。我们两个是所有员工当中年纪最轻的，这种情况即使没有持续几十年，也有好几年，而且在这些大人之间，我们的关系就像手足一样。其他精神科医生全都待在前面豪华的办公室里，有檐板和壁炉、地毯和皮沙发。而我和杰夫则共享诊所后面的一间没有窗户的小办公室，这里曾经用来安置过另一名心理医生研究的动物，并且残留着味道。我们用海报、漫画和相配的顽皮豹商标装饰墙壁。我们在这里工作、吵架，同时分享我们的问题。

杰夫特有的绝佳幽默感，让他看起来不至于像弗洛伊德那么愚蠢。他的声音特质天生就很有趣，而且擅于模仿，可以泰然自若地独自表演喜剧。因此，我们办公室里一些死气沉沉的东西，如档案柜、桌子、暖炉等，全都会出乎意料地加入谈话，每一件东西都会有自己怪异的小罗宾·威廉斯（Robin Williams）之类的声音。孩子们听到这种声音时当然会喜欢，连我都很喜欢。你实在很难对一个连家具都站在他那一边的人生气。

大致上，我对离开特教系统后的这段经历还算满意。穿着毛料裙子，戴着晃来晃去的珠宝上班，知道自己可以不用扎起长头发，因为不会有人想拉扯，那种感觉还是很有意思。事实上，我发现自己太想念牛仔裤和钉鞋了，几个月之后，我又开始穿了起来。可是我真的很喜欢那里充裕的资源和互相激励的同事们，而且我认为，这次转换跑道的决定是正确的，至少在那个时候是正确的。

与席拉重逢

> 她的这番话打开了话题。事实上就是如此,我们是陌生人,只不过我们两人原先都没有料到。

我找到席拉时,她再有三个月就满十四岁了。除了两年前我收到那封附有诗的信件外,我已有七年没见过她——这是她人生一半的时间。我有五年都没有她的消息,之后得知她回去和她父亲一起生活,住在百乐汇外的一个偏远郊区里。在和她父亲通过一次电话后,我问他我可不可以过去拜访他们。

他们住在一栋双联式住宅里,那是一栋油漆斑驳的棕色建筑,位于一个荒芜地区,院子里摆满了乱七八糟的废弃汽车和生锈的电器用品。不过和席拉在移民营的家比起来,这个家算是豪华的。

我敲敲门,门里很久都没有声音,因此我很讶异地发现自己的膝盖竟然在抖。在门口台阶上等待时,很久以前那些影像全又回到我的脑海里，而且那些声音清晰可闻。一个孩子的笑声在回响，喊叫着，尖叫着，教室里的声音，之后是一阵黑暗、有风的沉默，我记得那是自己站在席拉位于移民营那间简陋的防潮纸小屋台阶上的感觉。之后我又回到现实。有脚步声响起朝门这里走过来，接着门开了。

如果我没认定来开门的人是席拉的父亲，我想我不会认得他。七年来，他的改变相当大。我记忆中那个矮矮胖胖、体重过重的酒鬼已经不见了。来开门的人身材颀长，一副运动员的模样，而且令我感到最惊讶的是，他看起来很年轻。最后一次看到他时我才二十出头，我一直以为他的年纪和我父母亲差不多。现在我才明白，他大我没几岁。

"是蓝斯塔先生吗？"我没把握地问。

他点点头。

"我是桃莉·海顿。"

他露出真诚欢迎的微笑，把门打开："请进。席拉现在不在，她刚刚到商店里去买牛奶，不过几分钟后就会回来。"他开门让我进到起居室。起居室很小，有一台电视、一张很旧的沙发和两张老式扶手椅。整个起居室是略带棕色的色调，可是相当舒适。

突然间，我们两个都觉得不好意思。这些年来，我一直期待这一刻，而现在这一刻就在眼前，我竟然不知道要说什么，他也显然有点犹豫。

过了一会儿，他突然从电视上拿起一张照片："拿去，你想看这个吧？这些是我的孩子。"

那是一张棒球队的照片，照片上的男孩们大约十岁或十一岁。他们排成两排，第一排跪着，其他的人站在后面。蓝斯塔先生站在后排左侧。

"我当教练一年了，"他说着，靠到我旁边看那张照片，"看到那个孩子了吗？他叫约马·华盛顿，你注意那个名字，因为他有一天会出名。像汉克·亚伦（Hank Aaron），那孩子，是我教他打击的。他刚来时什么也不会，本来是个缺乏教养、狂放的孩子。现在他就要去打大联盟。你等着瞧好了，我知道他一定会有出息的。"

"太棒了。"

他看着我："你知道，我现在不碰那些东西了。席拉有没有告诉你？不喝酒也不嗑药。我已经十八个月没有碰那些东西了，而且现在是我在帮助他们。"

"我很高兴。"我说。

"我是讲真的。我不会再惹任何麻烦了，而且现在我有这些孩子。我们这一季已经赢了四场。我还没教他们时，他们一场也没赢过。都是些野孩子，像猴子一样疯狂，不过现在我们要让这个队出名。我们有约马，还有其他好手。来，我来指给你看。"他拿过那张照片，"他，那是沙林。还有他，刘易斯。你一定要看他们比赛。你可以找个周六过来吗？"

就在这时,门砰地一声打开,席拉站在那里。

是席拉吗?

站在那里的是个身材瘦长、有着一头橘色头发的少女。真的,不是红带金的颜色,不是红色,就是橘色,就像路锥的颜色,长了点,烫成卷卷的,还戴了一顶幼童军的棒球帽。

如果我在街上遇到她,我会认得出她是席拉吗?她已经长得比我原先所预期的还要高。她以前在我们班上时好瘦小,营养不良,而且我对她的印象一直还是很娇小,可是她现在大约已经有162公分那么高,她才十三岁。然而,她还会再长。她的身材瘦长而难看,还是个尚未发育的孩子模样。

我没问她认不认得我。她一看到我就突然停了下来,好像看到一个最不想见到的人。她的脸红了。"嗨。"她打了招呼,不好意思地露出微笑。那个微笑我认得,她的五官立即变熟悉了。

"嗨。"

我们三个都觉得不太自在。期待这次重聚那么久,我原本没有想到自己会说不出话来,不过事实就是如此。席拉同样也吓呆了,紧抓着那半加仑的牛奶,两只眼睛直盯着我。只有蓝斯塔先生好像还能够开口说话。他又开始谈他的棒球队,不过始终没有请我坐下,所以我们就一直站在起居室中间。

席拉的父亲一直说个不停,又向我保证了几次他已经不再嗑药,也不喝酒了,而且已经重新做人。这一点让我感到不好意思,让我觉得好像他把我的来访当成是来调查他。他似乎认为过去这几年来席拉和我经常联系,不断提及我毫无所悉的事。我认为这个时候多问会显得无礼,所以我什么也没说,但就我所能了解到的是,席拉从八岁到十岁这段期间曾经住在寄养家庭里,十一岁时又寄住了一阵子。从他上次假释开始,大约是十八个月前,他们就一直生活在一起。

席拉一句话也没说。她和她父亲还有我一样,还是站在起居室中间,可是她并不想加入我们的谈话。我偷偷瞄了她几眼,特别是她那头染过的头发,因为那种颜色真的很少见。接着我又瞄了一下她的衣服。她在我班上时只有一套衣服,每天都穿那套衣服,一直到她父亲接受查德在三月听证会后买给她的那件洋装。席拉看起来好像这些日子并没有过得比较好。她穿着一件超大的白色T恤和一件无袖的破牛仔外套。我认为T恤下面除了内衣之外,还有某些东西,以我所能看见的,可能是膝盖以下剪掉的牛仔裤的边,不过我不确定。我仔细看着这一身装扮,我认为这是流行,不是贫穷的表现。

终于,当她父亲暂时停止说话时,我转向她:"我过来时经过一家'乳品皇后'(Dairy Queen,一家冰淇淋连锁店)。你想和我一起去吃圣代吗?"

席拉单独和我在车内时还是没有说话。那绝对不是不友善的沉默,不过也够难受的。我发现自己回想起第一天看到席拉时。当时她也是不说话，只有在我非常激烈地表示我无法让她说话时才会开口。我一直想起当年那个迷人的小女孩的影像，设法在这个紧张的少女身上找到她的影子。只是我相当清楚，自己根本不认识这个穿着怪异、像鹿一样的家伙。

把车停到"乳品皇后"的停车场时，我望向她："记得我带大家到'乳品皇后'买了几盒蛋卷冰淇淋的事吗？还有彼德总是要些不一样的东西？不管是什么东西，他一定不要和其他人一样的东西。"

"谁是彼德？"

"你记得的。我们班上的。他经常说一些很难听的笑话，喜欢哼哼哈哈的。记得他吗？"

她停了一会儿："对了……我想我记得。他是墨西哥人，对不对？"

"这个嘛，事实上，他是黑人。"

我们点了圣代，然后走到外面坐在前面一张野餐桌上。席拉弓着背吃冰淇淋的样子让我想起她以前在班上的时候。那时的她会紧抓着午餐盘，把午餐盘拿起来，动作机警，像动物一样，以防有人在她吃完之前把她的餐盘拿走。她开始搅和圣代，冰淇淋、巧克力酱和鲜奶油全都和在一起，变得黏糊糊的。

"学校怎么样？"我问。

"我想还好吧。"

"你都上些什么课？"

"就是一般的课程。"

"有特别拿手的吗？"我问。

"没有，没什么特别拿手的。"

"有特别困难的吗？"

"也没有，"她说，她搅拌得更起劲了，"大部分都很无聊。"

我采取一个以前我在课堂上用来刺激孩子们说话的老技巧，寻找某个切入话题的角度："那么你最讨厌什么？"

"当年纪最小的一个，"她的回答干脆利落，"我讨厌那样。"

这是一种控诉吗？她知道是我要她跳升一级的。还有别的意思吗？"关于年纪最小这件事，你最讨厌的是什么？"

她耸耸肩："就是当年纪最小的一个，就这样。最小的一个。我总是比大家矮上一大截，直到去年才赶上。我向来是班上最小的那一个，大家都对我吹毛求疵。"

"是啊，我可以了解那样可能会引起一些问题，"我说，"不过当时我们很难知道什么对你是最好的。"

她又耸了耸肩："我不是抱怨什么，只是你问到。"

接着我们两个人都没说话。我心想不知道是否该转移这个话题，试试看一些我认为这个时候并不适合谈的沉闷事情，或是努力寻找新的话题。我觉得相当不自在，这根本不是我原先期待的席拉。

两人仍然保持沉默。我吃了几口圣代,专心品尝它的味道。

突然间,席拉吐了一口气,摇摇头。"这真的好奇怪,"她说,"哦,我向来自以为很了解你。"她看着我:"不过说真的,我们不过是陌生人而已。"

她的这番话打开了话题。事实上就是如此,我们是陌生人,只不过我们两人原先都没有料到。事情一旦摊开来了,我们之间的谈话就变得比一直假装过去七年都不存在时要容易得多。

自然而然地,席拉开始谈起学校的事情。她并不喜欢她的学校。她刚读完九年级,似乎学业成绩还不错,不过听她说话的口气,我看得出来没有一个科目是她真正喜欢的。学校当局会找她的麻烦:她的头发、她的衣服和她平常的态度。而以她叙述这件事的态度来看,我怀疑她是用逃课的方式来响应。

反常的是,她唯一感兴趣的科目竟然是拉丁文。我不知道学校里还在教这个科目。那位老师年纪很大,出了名的严格,而且对女学生的学业能力颇有偏见,可是他这种作风不知为何偏偏激励了席拉,她拼命努力,想要"做给他看"。结果,即使她声称讨厌学校,还是兴致勃勃地谈班上的事和课程。

相对地,我也告诉她我这些年来的状况:她那个班级解散后其他我所带的一些儿童班级,我在研究所的定量工作,还有我转换跑道到城里一家诊所的事。还有,也提到写书的事。

"我把它放在车上,"我说,"我希望你能读一读。"

"一本书？"她语带怀疑，"你写了一本书？我不知道你会写书。"

我耸耸肩。

"书里面有我？我们班？天哪，好奇怪。"接着她微微一笑，"那是超奇怪的，你知道吗？"

"你要有心理准备，书的内容和实际情况有点出入。大家都已经离开那个地方继续过日子，所以侵犯别人的隐私是不对的。因此，我必须更改名字和一些事情，把顺序调换一下，不过，我想你还是认得出所有的事。"

"这真的好奇怪。一本书？关于我？"

"无论如何，我想知道你对它的看法，"我说，"那是你的故事，嗯，你和我的故事，可是你占大部分。我不想把你认为不适合的部分放在里面。"

她露出微笑："没什么关系，我几乎全忘了。"

"哦，你会记得的。"我也对她笑了一下。

她耸耸肩，表情还是带着善意："你别忘了，桃莉，我那时只不过是个小女孩，那些事全发生在我半辈子以前。嗯，我很乐意读那本书，不过说真的，你爱写什么就写什么。老实说，我什么都不记得了。"

阅读自己的故事

一个有希望的地方,一个她曾经喜欢而且在那里曾受到相当关注的天堂。她为什么忘了我们?

"我的天,真的是这样吗?"席拉问,她的语气既好奇又惊讶。这是接下来那个周六,我们在她的卧房里。她盘腿坐着,那堆手稿摊在她身旁。

我微笑地点点头。

"哇,如果我那时真的像书中所说的这样,你要带我,真的很勇敢。"

"当时很多人都这么认为。我自己也觉得是有那么一点儿。"

"那不是你的选择,不是吗?他们只是说你一定要收下我。"她低头看着那一堆手稿,"我想我现在记得安东了。那天我们在'乳品皇后'时你提到他,我并不记得,可是看这本书又让我想起他。"

"你知道他现在在做什么吗?"我问,"他现在正在修特教学位。他带的是心智残障的儿童,而且已经有自己的班级三年了。"

席拉抬起头来:"哦,你真的以他为荣,对不对?我从你的声音就可以听出来。"

"我想他的成就令人惊讶,那得十分努力。他这一路走来真是不容易,还要养一个小家庭,而且过去他身边一直都是移民营的劳工。"

席拉注视着那些打字稿,有好一会儿都没有出声:"我所记得的就是这位个子很高的墨西哥人。对当时的我来说,他似乎有七尺那么高,可是我想不起来他做过什么事。"

"你记得惠妮吗?"我问。

"不记得。可是我真的想起了兔子大便的事,我记得在那些小球上面上颜色。我的天,我现在想起来都觉得恶心。你想想看,我事实上是用手拿大便,"她大笑,"好恶心的小孩。"

我也放声大笑。

"奇怪的是,当时你并不认为自己有那么恶心,"席拉接着说,"我记得我给那些东西上色时是很认真的。"

"查德呢?"我问,"我的男朋友,在听证会上为你辩护的那个人?你记得他吗?"我问,可是她还没回答,我又开始露齿而笑了,"猜猜发生什么事?他现在已经结婚,而且还有三个孩子。再猜猜看他为他大女儿取了什么名字?"

她一脸茫然的表情："我猜不到。"

"席拉。"

"以我的名字取的？"她讶异地问。

"没错，就是以你的名字取的。我的意思是，他想到你的世界。听证会后那天晚上我们有一段美好的时光。"

我们沉默了一会儿。席拉又低头看着手上那一叠稿子，显然是在读最上面那一页："胡说八道，胡说八道。这真的好奇怪，我看不下去了。"

"什么地方奇怪？"

"我不知道。看到我的名字在里面，在这里面的是别人，真的，可是也是我。"

"你认为我写得不好？"我问。

"哦，不，不是那样，或许那只是把自己看作书中的一个角色……我的意思是，超奇怪的。"她又停了一会儿，"你似乎是够真实的，就像我记忆中的你一样。读这份稿子时，让我觉得像是自己坐了下来，和你有一番美好的对话，可是……那个班级真的是这样吗？"

"你记得的是什么样子？"我问。

"大部分我都不记得了。就像我上周说的。"

我们又陷入沉默。

这时我心里想到的是席拉在我班上那段时间所遭遇的一些可怕

的事情。把这本书带到这里来让她确认,我并没有认真考虑过她可能要强迫自己把那些事从记忆中挖出来。在我看来,那样的反应似乎一点都不像席拉,而且我原先并没有想到她会有这样的反应。现在,我突然害怕自己所做的事。那是个乐观的故事,不过那是以我的角度来看。

席拉转头凝视着她床边窗户外的景色。窗外不过就是邻居的房子,斑驳的灰色油漆,窗子上歪歪斜斜挂着一道活动百叶窗。她似乎在研究那道百叶窗。

而我则是在研究她那头长长的、散乱的橘色头发,她那件破牛仔裤下消瘦未发育的身体,还有相当奇怪的贴身灰色上衣,它看起来像我祖父的内衣。这种瘦长而难看的流行朋克女郎模样和我原先想的不一样,我得克制自己失望的情绪。

"我记得的是颜色,"她的声音好轻柔,是自我反省的语调,"好像我的人生一直都是黑白的,而当我踏进那间教室……亮丽的颜色。"她发出一个小小的声音,"我一直认为它们是费雪(Fisher-Price,美国一家知名的玩具大厂)的颜色,你知道吗?那些玩具?费雪的红色、蓝色和白色。那些原色。记得那个可以坐上去、用脚推着它走动的玩具马吗?我就记得那个,记得它上面的每一种颜色。我该做事时会坐在桌子上,看着它的颜色。它上面印有'费雪'的字样。我的天,我好想要那匹马。我以前会梦见那匹马,梦见它是我的,你让我把它带回家,你让我拥有它。"

如果她曾说过那匹马对她来说那么重要,我或许会这么做,可是她从未提过。

"还有那座停车场,"她说,"你记得附有会走下坡道的小车和那些看起来根本不像人的小人吗?他们只是有脸的塑料衣夹,真的。记得我怎么偷他们吗?我那时好想拥有他们。我习惯把他们排在我睡觉的地板旁,排成一排,这一整排,戴黑帽子的人,戴牛仔帽的人,印第安酋长——你记得我拿走他们吗?"

多年来,我有过那么多教室,那么多玩具。我是记得停车场玩具和可以骑的玩具马,不过它们可能是我所有玩具当中的一个。

"你从来都不会因为那件事而生我的气,"她转过来看着我,她在微笑,"我一直把他们偷走,而你从来不生我的气。"

事实上,在那个班级那么混乱的情况下,我可能不曾注意到她偷了那些东西。

"那是我觉得这本书奇怪的地方,桃莉,你说得像是我们一直在吵架。在书中,你似乎每一页都在生我的气。但我不记得你曾经生气过。"

我惊讶地看着她。

这时她皱起鼻子,露出诡异的笑容:"你只是加油添醋对不对?那样他们才会想出版,对不对?"

我的下巴差点掉下来。

"我的意思是,我完全不介意。这是个非常棒的故事。而且,嗯，想到我自己是一本书中的角色真的很棒。"

"可是，席拉，我们真的吵架了。我们一直都有争执。你来到我班上时，你……"

她又转头看着窗外，随之而来的沉默持续了好一阵子。

"你还能想起什么事？"最后我问她。

"就像我说的……"她没继续说下去。她还是盯着窗外看，那些话就这样渐渐消失。又过了一两分钟。

"我们真的争吵了，"我轻声地说，"大家都会争吵，不论是什么样的关系。不过这可能也有好处，否则就不会有关系了，因为两个不同的人在一起，摩擦是很自然的。"

她没有回答。

"再说，"我笑了一下，"我是个老师。你期待什么呢？"

"是啊，"她说，"我真的不记得了。"

* * *

我没办法接受席拉已经忘掉那么多事的事实。那天晚上开着车行驶在高速公路上回家时，我心里反复想着这件事。她怎么能忘了安东和惠妮呢？她怎么能只记得她所喜欢的彩色塑料玩具而把其他所有的事全忘了呢？这一点让我很伤心。对我而言，那段经历意义非凡，而且我原本认为，对她来说也一样。事实上，我原以为对她来说可能更有意义。没有我，没有那个班级，没有那五个月，席拉现在很有可能身在某家州立医院后面的病房里。是我改变了这种情况。至少我一直都是这样告诉我自己的。当我发现自己对臆测的事抱持那么傲慢自大的态度时,即使当时是在我自己的车内,我的脸颊也开始发烫。那五个月可能对我比对她要重要,明白这一点,使我更加自卑。

她那个时候年纪还很小,要她记得那么多事,我是不是有点不切实际?当时她能够相当有条理地表达对事物的看法,使她看起来比实际年龄要成熟,比我所真正了解的她还要成熟,可是我一直习惯于把语言表达能力和良好的记忆联想在一起。

车子在黑夜中加速前进的同时,我试着回想六岁时的自己。我能够想起我一年级班上一些小朋友的名字,但我能想到的大部分都是事情,还有许多小片断:排队等着下课,一位同学在垃圾桶里呕吐,在秋千架那里打架,因为自己画的树很棒而感到很骄傲。那些都不是很完整的回忆,不过如果我试着去回想,我可以说出地点、名字和每个相关的人的样子,但那些记忆还是不会像我长大成人之后的记忆那么清楚。我期待她记得更多事情可能真的是太不切实际了。

然而,这件事还是不断困扰着我。席拉可不是普普通通的孩子,她相当有天分,那年学校的心理医生帮她做的每一份智力测验她都拿到很高的分数。席拉多项杰出的特质中最引人注意的就是惊人的记忆力。她的记忆力就像水晶球一样,对我们每一个人说话时,无论是表达爱、恨或拒绝,都是那么扣人心弦,让人深深感动。

　　爱、恨和拒绝。我原本期待她应该记得更多事情也不尽然是傲慢自大。她健忘的表现似乎不像她原来的作风，不过也不难想象是什么原因造成的。虽然我并不了解席拉离开我的班级之后发生了什么事，可是我知道这几年她也不怎么好过。她多次进出寄养家庭，上过多所学校，还要适应她父亲的不稳定性。如果她这几年的情况只有她到我班级来时那种糟糕状况一半的程度，她当然有充分的理由忘掉。她以前是个勇敢的小斗士，我不愿去想她已经屈服于沉重的负荷之下，可是我心里已经开始接受了。然而，她为什么把我们班忘得那么彻底？一个有希望的地方，一个她曾经喜欢而且在那里曾受到相当关注的天堂。她为什么忘了我们？

迷　路

> 她伸长脖子，想在昏暗的灯光下把那张照片看得更清楚。"可恶，我真的长那个样子？"

我在家翻找我从那个班级存下来的东西，也就是我用来写那本书的资料。我想找点东西，好在我下次去看席拉时可以一起带着去。大部分的资料都是学校的文件和一些小事的记录，都不太符合我的需要。我真正想拿去和她分享的是录像带，可是那些带子是在旧式卷带式录像带时代录制的，而我唯一可以放映这些带子的机器在诊所里，所以那些必须等到席拉到诊所来看我时才派得上用场。最后我把相册拿出来看。

那一年的照片出奇地少。有全班的照片，我们全靠着学校舞台的蓝色布幕排成一排，看起来像是团体重刑犯拍的档案照。相机拍到席拉全身，拍到她苍白的五官。那一阵子，即使别人强求她，她也不会笑，所以她只是翻白眼。不巧的是，班上还有几个人也同样不合作，因此他们当中有许多人都认不出来。

我总共也只有三张席拉其他的照片，而其中包括和团体照同一时间照的个人照。我保留这张个人照，是因为她父亲拒绝购买。这是我唯一有她微笑的照片。通常她都不愿意微笑面对相机，可是这次，那位摄影师设法要她握住他的笔，哄她照了这张照片。这是她到我们班上之后不久拍的，拍到了她的邋遢相，我很喜欢。

另外两张照片是我拍的。一张是为了纪念我第一次帮她把全身清洗干净，她一本正经地坐在学校台阶上，两只手紧握着放在膝盖上。她的头发梳得很顺，还绑了辫子，衣服洗过了，脸清洗干净了。事实上，那张照片一点都不像席拉。她并不像在学校照片上那种邋遢模样那么有魅力。另一张照片是我在学校最后一天，全班到公园举行期末野餐会时拍的。那天我拍了好几张照片，可惜的是，里面只有一张有席拉的身影。她和班上另外两个小女孩站在野鸭池塘旁，那两个小女孩干干净净的，而且笑得好开心，可是站在中间的席拉则用一种防卫、几乎是怀疑的眼神瞪着相机。尽管她父亲为了那次野餐会特地帮她买了一件新的橘色日光浴装，但那天她到学校时还是很不整齐，她的头发没梳，脸没洗，和两位同学站在一起就成了明显的对比。然而，那张照片有个引人注目的地方，那就是她警戒的表情，使她看起来似乎很强悍却又十分脆弱。

最后，我决定带那张照片还有那天拍的其他照片给席拉看，上面有班上的同学、安东和惠妮。

接下来那个周六，席拉和我去看她父亲的棒球队比赛。那些孩子是个看起来不怎么幸运的团体，大约十岁、十一岁，模样邋遢，制服也不合身，几乎全是来自少数族群家庭背景的孩子，我想他们之所以会凑在一起，纯粹只因为贫穷的关系。可是他们就和所有的孩子一样吵闹、开心，而且当席拉的父亲跑到本垒板上时，他们欢迎他的态度就像欢迎上届冠军一样。

就我的了解，蓝斯塔先生似乎表现得还不错。他对他们目前所居住的双联式房屋相当引以为豪。那间房子不大，地点也不是镇上最好的，而他当然也不是屋主；不过这可是他自己选的，而不是社会服务部偷偷帮他安排的。此外，他还用现在在公园部门上班赚来的固定薪水支付房租。他曾带我参观过那间双联式房子，带我看他买的所有东西：床、沙发、电视、餐桌。他一定记得我们最后一次见面时的状况，很积极地要我了解这段时间他进步很多。这些东西是他的，而且我看得出来，它们对他意义重大。

然而，他真正爱的是棒球队——"他的孩子们"。他一再跟我说，是他们让他保有往前的动力。他说他们就靠他了。那个球队曾经因为没有教练几乎快解散了，直到他接手。他承认，更重要的是，如果他再嗑药，他会失去他们。他还在假释当中。

我很喜欢那场棒球赛。他们没打赢，不过打得不错，而且显然赢球对他们来说并不是那么重要。以团队这个名词的真正意义来看，他们是一个团队，而且我立刻就有同感。不论蓝斯塔先生有什么样的过去，他现在真的表现得不错。

我原本计划看完那场球赛之后就带席拉外出。前两次我都是到她家，所以我认为和她到别的地方走走应该会很愉快。不过席拉却无法决定要去什么地方。

我建议我们去吃比萨。我想我或许可以带她到城里，部分是因为想让她看看不同的景致，另外则因为城里有比较好的餐厅。所以看完球赛后，我们就上车往北走。

开了不到五里的地方，我转错了弯，因为我还在熟悉这个地区的路，所以这并非不寻常。可是，当时我并不知道自己转错弯了，直到两旁的房子愈来愈小，我才怀疑自己走错了路。通常我的方向感很好，而且即使转错弯，也大多能辨别自己走的大方向是否正确。这次，我一百八十度回转，因为我仍然以为自己是往城里走，但窗外的景致却不是那么回事。我把我的顾虑告诉席拉。

"不，你这样开是对的。我很清楚你走的这个地方，继续往前开就是了。"她很有自信地说。所以我就照做了。

又过了十五分钟，我开到了空旷的乡间。我知道自己完全迷路了，也知道如果不采取激烈的手段，像是停车或找出地图，是不可能找到路的。于是我把车停到一块田地的出入口。

"你在做什么？"席拉讶异地问。

我伸手到后座去找地图。

"找地图。我迷路了。"

"不，你没有迷路。"

"我们迷路了。"

"没有，我们没有迷路。我已经来过这里几百万次了。"

我扬起眉毛。

"是啊，我来过了，"她说，"我曾经住在这附近一所儿童之家里，就在那边那条路那里。我很清楚我们在什么地方。"

"那么，这是什么地方？"我问。

"嗯，当然是这里。"

"可是这里是哪里？"

席拉看看窗外。

"告诉我，这里是什么地方？"

"别那么生气嘛。"

"你也不知道，对不对？"我说，"我们迷路了。"

出乎意料地，席拉露出了微笑。那是个很有意思的微笑。"我经常迷路，"她笑得好开心，"我已经习惯了。"

我把地图拉过来放在前座，打开地图。我在地图上找我们的位置，找到了我转错弯的地方，还找出回百乐汇的路。"好了，我现在高兴了。"我说，然后合上地图，发动引擎。

"你真是个控制狂，对不对？"席拉说，"我以前从来不知道你是这个样子。"

"也不尽然。只是迷路时我会觉得不舒服。"

"啊哈，不只是个控制狂，还是个会防御的控制狂。"

* * *

我心想，如果她想走这个方向，好，那我们就走这个方向。所以我们就走一条较小的高速公路，这是我以前从未走过的。沿路有风景陪伴，一个小时很快就过去了。

那趟旅途很愉快。席拉谈话的兴致颇高，她谈到恺撒大帝（Julius Caesar）时还提出惊人的见解。她在拉丁文课上读到他的高卢战争（the Gallic wars）记事，她非常喜欢，尤其是他对在高卢（Gaul）当地塞尔特人（Celts）的描述。我自己是在高中上拉丁文课时读过恺撒的事迹，不过那时我比较有兴趣的是，自己如何不要做那些作业而拿到高分。因此，我在学校时有小聪明，但却没有什么文化修养，长大成人后，大部分的时间都在努力急起直追。我并没有努力用拉丁文或英文研究过恺撒，所以大部分时间只是专心听，不过或许那样也不是坏事。

经过一座小镇时，席拉看到一座保龄球场："哦，你看，那里！我们能不能停下来玩一局？我好喜欢保龄球。"

于是我们进去玩了三局。之后我在餐厅里买了可乐。"我们吃比萨，好吗？"席拉问，"你之前说我们可以吃比萨的。"

"我想我们还是往百乐汇的方向回去比较好。我们离那里挺远的，回去要花上一个半小时。我最好在天还没黑之前找到回去的路。"

"我的天,桃莉,你是常常迷路还是怎么样?你真的一直记挂着这件事。"

"开车的人是我,就是这个原因。"

"放轻松,我们很好。我们在这附近吃就好了。很晚了,而且我好饿。"

"我没有看见卖比萨的地方。"我回答。

"那么,我们就一直开。"

我也很饿了,而且我发现自己的情绪不怎么好,那一天并不像我原先计划的那么顺利。我们漫无目的地从一个地方晃到另一个地方,所到之处都没有什么特别。我知道自己想要给席拉留下好印象,我想赢得她的支持。

"那里!那里!"席拉大叫,打断了我的思绪,"那里有个卖比萨的地方。"

没错,那里有个卖比萨的地方。就像那天我们碰到的其他事物一样,那间餐厅并没有什么特别之处。我想起多年以前那场听证会之后,查德和我带席拉到外面吃她生平第一块比萨的情形。现在的这家餐厅并没有以前那家的爵士钢琴气氛,只是到处都看得到的普通比萨连锁店的一家分店。

我们太饿了,管不了那么多。我把车停在那里,和席拉走了进去。我们在柜台点了餐,然后在角落找了一个安静的座位。席拉摘下她的棒球帽，让她那头又长又卷的橘色头发披在肩上，接着坐了下来。

"我想你可能会想看看我们班级的照片，"我说着把我的手提包打开，"所以我就找了几张。"

"嘿，酷毙了。我们来看看。"

"这些是我们最后一天野餐会时拍的，我们去公园。你记得那座公园吗？那里有野鸭池塘和小溪。"

席拉从我手上拿过照片，看着，研究照片上的脸孔："这个孩子是谁？"

"艾密里欧。"

"他有什么问题吗？他有残障吗？"

"他看不见。"我说。

"哦，对了，那个看不见的人。你在书上叫他什么来着？"

"盖里莫。"

"哦，对了，我现在知道你说的是谁了。"

席拉稍稍吐出舌头，注意力还在照片上。"我想我记得那座公园，"她慢慢地说，"它是不是有开花的树？那些树的味道好香，对吗？因为我好像想起来了。"

"没错，是洋槐树。"

"这些女生是什么人？"她拿出其中一张照片问道。

"你不认得她了吗？中间那个？那是你。那个是莎拉，而那个是泰勒,可是那个是你。"

"真的吗?我的天,那个是我?可恶。"她伸长脖子,想在昏暗的灯光下把那张照片看得更清楚。"可恶,我真的长那个样子?"她惊讶地抬起头,"我爸没有半张我小时候的照片。"

我的心往下沉,她连自己都不记得了。看着她低头看照片,我觉得好孤单。我和这个朋克打扮的少女在这里混什么?这个人不是席拉,只是某个孩子。

比萨来得正是时候。我们叫了一个超大比萨,厨房里该有的东西都摆在上面了。我们开始大吃大喝。有好一会儿,我们的注意力都放在食物上。

"我今天好开心,"席拉把差不多一整块比萨放进嘴里时说,"你知道,我认为你现在住得那么近,真的好棒。"

"很好,我很高兴。"

"就像以前一样,对不对?"

"是啊。"我的语气可能没有那么有说服力。

席拉的表情变得更加羞怯:"我很抱歉我没有想起更多我在你班级时的事。"

"哎呀,你那时还小嘛。"

"是啊,不过我看得出来我,嗯,让你有点失望。"

"当然没有!"我的语气有点太过热诚,"我们在一起时你很小,那个年纪记得的事本来就不多。"

"可是你希望我记得,对不对?"

"是啊,要是老实说的话,我认为是这样,可是那只是因为那对我来说是很有意义的一年,而且是你让它变得有意义的。"

这段话消除了她的疑虑。她笑了:"真的?"

"没错,是真的。"

"你以前很喜欢和小孩子在一起,对不对?"她说。

我点点头:"我现在还是。"

"看得出来。"

接下来我们两个都没说话,继续努力吃比萨。后来席拉抬起头。

"桃莉,我可以问你一件事吗?和那本书有关的。"

"好啊。"

"你怎么没嫁给那个叫查德的人?"她问。

"我那时候太年轻了,还没有准备好,"我说,"如果我已经准备好,事情就不会是这样了。"

席拉若有所思地看着她那片比萨,找出橄榄,用手指头拿起橄榄来吃。"真是可惜,"她说,"那样你的书就会有个很棒的结局。"

"或许吧,不过这是真实的人生。"

"真实的人生从来不会跟着剧本走,那就是问题,"她回答,"你和他结婚,然后收养了那个小女孩。每位读者都会希望看到这样的结局。"

"是啊,我知道,可是结果真的不是那样。"

"是啊,我知道,"她微微笑了一下,"可是你知道吗,他的大女儿?那个叫席拉的?嗯,没有错。她就应该叫席拉,可是按理说,她应该是我才对。"

助手席拉

> 最棒的是,席拉也在场,在教室后面和我在一起,而那一天是第一天,我们还有未来。

我一直想在诊所里办暑期课程。我一向认为,如果我可以一天和一个孩子相处几个小时,会较有机会看到有效的改变,每一天,而不是只有一两个小时的咨询课程,那也是我选择心理学教学作为一生事业的初始原因之一。我在诊所时就有这个想法,这是我严格遵守五十分钟"精神治疗时间"的第一个工作场所。我认为一定还有其他办法。

我的办公室伙伴杰夫对于和孩子们在不同治疗室相处的构想很有兴趣,所以我们一起设计了一套六月和七月共计八周的半日班课程。我们的计划是,利用附近一所通常暑假没有人上课的学校,然后从诊所的病患名单上精心挑选我们认为会最有收获的孩子。由于这个班是实验性质，我们决定人数不要太多。只有杰夫和我负责管理，而且我认为最好以我们知道自己能够控制的部分着手进行。因此，我们把人数定在八个人。

这个团体里有三名重度残障的孩子，五岁的乔舒亚和六岁的杰西都患有自闭症，而且不会说话，而八岁的紫兰则是儿童精神分裂症的个案。另外的五名孩子中有两名是女孩。五岁大的凯蕾始终拒绝在团体里开口说话，八岁大的塔玛拉有深色、带异国风格的五官，她很沮丧，还有几次自我伤害的记录。另外三名男孩是六岁的纵火犯戴维，四岁大时就被美国父母亲收养、现年七岁的哥伦比亚裔男孩亚雷赫，还有一个是名叫米奇的六岁"龙卷风"。

根据我长久以来的经验，大人对儿童的比例愈高，通常课程的效率也愈大。我并不想要一对一的方式，因为我认为这样会毁掉团队带来的益处，可是我认为我们需要足够的大人来应付，以避免任何混乱情况更加恶化。

杰夫对于我们两个无法应付八个孩子的想法相当不悦。他指出，毕竟他是位资格完整的医生，正准备参加儿童精神医学的最后考试，而且精神医生的证书也即将到手。我告诉他，这个状况需要相当不同的技巧。在孩子每天和我们相处的三小时课程里，他们不仅需要治疗，也需要娱乐、运动、教育和训练，更别说创可贴、饮料、点心和带他们上厕所。如果我们想提供比安亲服务更好的内容，这绝对超过两个大人的工作量。

因此，我们一起去找罗森泰博士，请他提供资金帮我们找更多人加入这个计划。他同意尽量帮忙。就这样，米丽安加入了我们的行列。她是一位退休教师，年纪较长，个性活泼、果断，有一头银白色的头发和令人羡慕的身材。我立刻就喜欢上她。她的方法很实际，我很喜欢用那种方式上课，可是我自己并没有那种本事。

然而，即使有米丽安加入我们的阵容，我仍然希望获得更多的协助。有那么多年幼、残障的孩子，我们不需要许多高薪、受过良好训练的专业人员，只需要人手，真正的帮手，就这么简单。

当杰夫和我在安排暑期半日班课程时，我正在编《她只是个孩子》，对照着读到我在带席拉那个班级的状况和目前工作条件的优渥，给了我相当大的冲击。当时有八个孩子，每一个孩子都是重度残障，而我们所拥有的却只有一位年轻、没有经验的教师——一名没有高中文凭的外来移民劳工，和一名初中生。初中生。初中生！

席拉！当然。

这似乎是个理想的解决方法。席拉的年纪大到足以负责任，可是又足够年轻到具有弹性和配合度，在像这样一个环境中会很有用。相对地，这也让她有机会在一个有系统、刺激的环境中与和蔼对待病人的大人一起打发暑假。最棒的是，这样可以让我们两个以自然的方式相处。我想再次了解席拉，从那个瘦长而难看的少女身上一定可以找到我以前深爱过的那个孩子，我需要机会把她找出来。

席拉对这个提议很高兴。她暑假期间没有安排工作，而且即使当我解释薪水会非常少，支付车费和午餐费后可能就没剩多少时，她还是很兴奋。

杰夫没能有机会在暑期半日班第一天上课之前和席拉碰面。我们曾讨论过需要多一个人手，而且他很高兴我那么顺利就想到一位自愿的人选。我简单地把席拉的背景和我与席拉的关系告诉他，可是我并没有告诉他细节，那么做似乎不妥当。如果说过去几个星期我有什么明显的发现，那就是席拉已经不再是以前的席拉了，而且就像我不会希望老板考虑到我六岁时所做的事一样，我认为她的背景并没有讨论的必要。

私底下，我希望把席拉介绍给杰夫认识。在暑期半日班里，席拉会发现她周遭的大人都非常聪明，可是在我们这些人当中，可能只有杰夫和席拉旗鼓相当。我不认为她之前曾经碰到过这样的人，因此，我很想告诉他们。他们的个性相似，任性，会做出一些出乎意料的行为，而且都有那种天分很高的人身上经常可见的孤独气息。想到可以让他们碰面，我就很高兴。

第一天，席拉早到了四十五分钟。老实说，她穿的衣服看起来就像单薄的白色长内衣裤。她在这套衣裤上面又穿了一件颜色较浅、有花朵图案的宽松上衣。她还穿了一双比较适合伐木工人的厚重黑色工作靴来搭配这一身打扮。此外，她的头上当然少不了那顶随时都在她头上的幼童军棒球帽。

我倒抽一口气。我不好意思承认,虽然我已培养出对最稀奇古怪行为视而不见的能力,可是我的嘴还是张得好大。

"喜欢吗?"她天真地问。

我的天,是我老了吗?难道这就是时下青少年的打扮,而我竟然没注意到吗?我穿了一件Levis牛仔裤和一件工作衫,而我认为自己在诊所里算是前卫的。"嗯,"我急忙说,"相当独特。"

"我爸不让我穿我喜欢的东西。"

"你上哪儿弄到这些东西的?"我问。

"不同的地方。这件是在大甩卖时买的,而这个则是在Goodwill(一家世界著名的人群服务机构)拿的。"她指的是那件长内衣裤。"它们没花我多少钱。最贵的是我的靴子。"

我发现自己非常惊讶。那个六岁大、穿着破烂棕色T恤和太小的连身牛仔裤女孩的身影依然在我心头萦绕。我还没准备好面对这位时髦的少女。

"你不介意,对不对?"她问。我知道她之所以这么问一定是察觉到我惊讶的神情。

我摇摇头:"不,我不介意。"我想我不介意,真的。事实上,她穿那件长内衣裤和小花图案的洋装挺好看的。是很怪异,然而,如果一个人暂时放下个人的品味,只是看着她,还是会觉得她很吸引人,而且很有自信,那是让我真正感觉到冲击的地方。不管怎样,那一刻,席拉相当喜欢自己。

不久之后,杰夫到了。他带了一大箱帮宝适纸尿裤:"拿好,海顿!"他大叫,把那个箱子丢给我。席拉吓了一跳,整个人往后跳,而我则冲上前去接住那个箱子。我把它放在地上。

"这些是做什么用的?"她问。

"救命啊,救命啊!快让我出来!"箱子那个方向传来小小的声音。

席拉一副惊骇的表情,我用力打了一下杰夫的手臂:"这是唐林森医生式的幽默感。"

"杰夫向你问好,甜心,"他说,还拍了一下席拉的下巴,"喜欢你的打扮。"

席拉因为他的动作而缩了一下。

我提起那箱帮宝适,把它拿到教室的书柜旁。席拉跟了过来。

"那位是你常提到的办公室伙伴吗?那是杰夫?"

我点点头,把那个箱子推到一个柜子上。

"恶心。"

"哦,他没有问题。他有怪异的幽默感,不过他很好玩。你会喜欢他的。"

"别指望了,"她靠在墙上,"你们要这些纸尿裤做什么?"

"因为有个小男生还不会上厕所。"我回答。

"你在开玩笑。你的意思是他就尿在裤子上?"她问。

我笑了一下。

"哦，讨厌。你先前没有告诉我这件事。我不会要帮他换尿布吧？"

"我们再看看吧。"

"我们不要看，"她回答，"我们要闭上眼睛！"

我大笑。

第一个到的学生是紫兰。尽管她不是真的很胖，但以她的年纪来说算是个大个子，肤色与脸色都很苍白，头发弯弯扁扁的。她的临床诊断是儿童精神分裂症，症状是对鬼尤其是吸血鬼特别有兴趣。她认为自己身边的人不是吸血鬼就是吸血鬼的受害者，也就是鬼，而且还有很多无形的鬼魂和她说话、取笑她、跟她说些不好的事……

"嘘，"她母亲带她进来时，她跟我说，"我在玄关那里看到他，那个有彩虹颜色头发的鬼。他还带着他的鬼猫。"

"席拉，你可以带紫兰过去坐吗？"我问。

"我才不要和她去！"紫兰大声尖叫，"她有尖牙。"

席拉瞪大眼睛看着我。

"来，我来带她好了。"杰夫说。紫兰是他的病人，当她看到认识的面孔时很明显地放松了。

就在这时，米奇出现了。六岁的他又矮又胖，行动像光速一样快。这让他看起来比较像颗球而不是男孩，像弹珠台用的那种球。咻！砰！嘶！他沿着教室飞奔，我们每个人都被吓得目瞪口呆。他母亲则一副可以摆脱他一上午真是太轻松了的表情。

接下来进到教室的是凯蕾，也就是那位患有选择性缄默症的小女孩。和紫兰比起来，她的个头显得十分娇小，小巧的五官上只看到长长的刘海和一头厚重的头发。我想，凯蕾或许是可以和席拉一对一相处的孩子，因为席拉六岁进到我的班级时也患有选择性缄默症。此外，凯蕾的个性很好，很讨人喜欢，会让席拉很容易就与她相处。我很希望席拉会喜欢和我们一起接受挑战，也渴望她了解我对这种孩子的感情，而凯蕾似乎是帮她达到这些目的的理想人选。

"席拉，你认为你可以带凯蕾到桌子那里，然后拿一些玩具给她吗？"

席拉只是瞪大眼睛看着那个小女孩。

"凯蕾喜欢玩拼图。或许在等其他小朋友过来时，你可以帮她排一组拼图。"

席拉有点犹豫地伸出手，凯蕾则回她一个愉悦的微笑。

乔舒亚和戴维两人一起坐着乔舒亚父亲的车子过来。这几个孩子当中，乔舒亚的障碍程度最为严重，我们准备纸尿裤就是为了他。他在十八个月大时就被诊断出罹患了自闭症，不说话，也不和任何人打交道。

戴维和乔舒亚正好相反。他总是面带微笑，而且很喜欢社交，可以让最冷酷的人融化，那双蓝色大眼睛和那头卷卷的金发让他成了不折不扣的师奶杀手。说真的，我认为他是我见过长得最标致的孩子之一，也是障碍问题最严重的孩子之一。

接下来到的是亚雷赫。他是名新病患，四月初才刚到诊所。他是胡里曼医生的病人，所以我并不认识他。他的双亲很富有，但结婚十六年来都没有孩子。当他们知道自己无法拥有亲生的孩子时，就决定收养一个第三世界的孤儿。有一次他们到哥伦比亚旅行时，在一所由一群修女们管理的孤儿院里发现当时四岁的亚雷赫。他们收养了亚雷赫并把他带回美国。到目前为止，他已经和这个家庭一起生活了近三年，可是一直无法真正在新的环境里定下来。他总是动个不停而且还有攻击性。此外，虽然他学了英文，但他很少讲话，比较喜欢用拳头代替说话。他在学校的表现同样很差。现在的问题是，他幼年的贫苦生活是否造成了他大脑的永久性伤害。亚雷赫的个子十分矮小，长相也相当不讨人喜欢，还戴着厚厚的黑边眼镜。他有南美当地印第安人的扁平五官，脸上还盖着一头浓厚的深色乱发。看到那么多陌生人，他显得很害羞，紧抓着他父亲的手，直到杰夫过去带他，他才把父亲的手松开。

杰西在亚雷赫之后抵达教室。她是个个头娇小的黑女孩，头发像玉米一样排得整整齐齐。她和乔舒亚一样患有自闭症，但病情并没有乔舒亚那么严重，勉强还会开口说话。她看得出来这里是学校，就跑过我们身旁，一屁股坐在其中一张椅子上，开始用手大声敲桌子，同时大声唱字母歌。

最后一个到的是塔玛拉。她有地中海沿岸居民的血统，一头长长的黑发和富有感情的深色大眼睛，让我想起相当怪异的歌剧演唱人玛莉亚·卡拉斯（Maria Callas），整整八个星期都一直想到她的名字。自从塔玛拉的父母亲第一次注意到她手臂上无数个小割伤痕迹开始，她已经在这间诊所就诊了两年多。尽管接受了密集的治疗，但塔玛拉并没有停止自残的行为。因此，她在那个温暖的夏日早晨到诊所时，身穿一件长袖 T 恤和慢跑套装的裤子，以遮掩她手臂上和脚上无数的伤口和疤痕，这同时也可以防止她再次自残。

我们就这样开始上课了。就像往常开课第一天一样，情况有点混乱，然而，我们之前已计划好要提供一个吸引人但有节制的早晨，因此没有大灾难发生。

席拉把凯蕾当成朋友，或许是凯蕾把她当成朋友。不论是哪一种情况，席拉那个早上大部分的时间都和那个小女孩在一起，协助她参与活动，带她上厕所，点心时间还帮她找好的饼干。我坚持要她一开始就和席拉讲话，以作为我对她持续治疗的一部分，而她在稍加催促后就开口了。

看着她们两个人一起坐在其中一张桌子前，低头看着正在做的事，我心想，这样的安排是对的。席拉正在和她说话，偶尔会停下来看看那个孩子。七年前，她就像那个女孩一样。看到她绕了一圈又回到原点，真的非常值得。

我站在那里看着这个团体，开始意识到自己在那特别的一刻有多么的快乐。那个早上很顺利，课程有好的开始。孩子们正在挑战自己，但是很投入。杰夫当然是世界上我最喜欢一起工作的同事。当我们铆足了劲儿，两个人就像一条心那么容易去接受挑战，成长，确立彼此的构想，让我觉得凡事都有可能。我之前并不认识的米丽安十分主动，其组织观念远比杰夫或是我强得多。

就这样，像休息时间找纸杯这样的琐事都发生了。最棒的是，席拉也在场，在教室后面和我在一起，而那一天是第一天，我们还有未来。我看着她，在那里的是席拉没错。自从我们重逢开始，我头一次确定她就是席拉。

12

亚雷赫上树了

> 我抓着他的T恤,把他拖回团体里。这时我注意到席拉坐在地上,她正在解她那双工作靴的鞋带。

那个早上的课程结束,孩子们也都回家后,我们四个人一起到外面吃午餐。住在当地的米丽安建议到湖边一家全营养食品餐厅用餐,于是我们就到那家凉爽的餐厅里找了一张木头桌子坐了下来。

我们讨论那天早上的事,评估各项活动的进行状况,并做了一些必要的调整计划。席拉并没有发表太多意见,即使我们提到凯蕾在团体里的表现时,她也没有多说。她似乎完全被我们桌子旁那扇窗子上吊的紫鸭跖草所吸引。她的手够得到它长长向下延伸的枝。

吃过午餐后,我自愿开车送她到五里外的方登大道,她可以在那里搭直达巴士回百乐汇。

"你觉得怎么样?"只剩下我们两个人在车内时,我问她。

席拉沉默了好一会儿："我不是很喜欢你的伙伴。退化引起神经官能症是什么乱七八糟的东西？"

"杰夫是弗洛伊德学说的信徒，你得原谅他那一点。"

"全是狗屁。他为什么不说英文？"席拉问。

"弗洛伊德的思想被运用的范围相当广。尽管许多人不再完全同意他的观点，但他的想法还是对我们了解心智运作有很大的帮助。而像杰夫这种真正研究弗洛伊德理论的人，在运用上似乎有很好的进展。"

席拉噘起嘴唇，摆出那种作呕的表情。

我们又沉默了一会儿，之后我看向她："那么，除了杰夫之外，你认为怎么样？你喜欢吗？你喜欢和凯蕾在一起吗？"

"是的，相当喜欢。她为什么不说话呢？"她问，她的视线从我身上转向窗外，"别用杰夫那种解释，别说因为她有肛门依恋或其他什么。"

"我不知道为什么。"

"我跟她说我像她那么大时，我也不说话。"席拉说。

"凯蕾对此有反应吗？"我问。

"我不知道。她就是一直画图。"她停了一会儿，"我想问你有关另一个孩子的事，那个有西班牙名字的孩子。"

"亚雷赫吗？"

"是啊。他有什么问题？"

"他在学校遇到很多障碍。他经常和其他小朋友打架,相当恶性的一个孩子,而且课业表现也很差。我们诊所想要找出这种现象究竟是心理问题还是弱智造成的。"

"杰夫说他是被人收养的。"

"没错,他来自哥伦比亚。"

"他的亲生父母在哪里?"席拉问。

"我不知道,我想没有人知道。他是被遗弃的。我看过的那份报告上说,有人在一个垃圾桶里发现还活着的他,就把他带去给那些管理孤儿院的修女们。"

席拉看着我,眉头皱了起来:"真的吗?"

"在南美城市中显然有很多的流浪儿。这在某些地区是很严重的问题。"

"他的父母把他遗弃在一个垃圾桶里?"

"或许他只有父亲或母亲,我不知道。那份报告的内容相当少,而且可能是第五手数据。"

席拉沉思了好久才回过神来:"我是不是听到你们说他现在的父母亲要把他送回原来的地方?"

"是谈到了一点。他们的年纪都比较大,都是专业人员,不是很习惯带孩子,而且他一直都相当难以管教。"

"他们真的会那样做吗?"席拉问,"就把他送回哥伦比亚,好像他是瑕疵品或什么的?"

"我想是吧。"

之后我们两人都没有讲话。由于红灯和修路的关系,我并没有开得很快。席拉的头靠在窗子上,两眼看着窗外。她看起来很疲惫。是因为早上很辛苦吗?或者她只是累了?我突然想到自己把席拉稳定的家庭生活视为理所当然。我偷偷看了她一眼,研究了她一下。我的天,那一头橘色头发。

"我想……嗯,我想我已了解为什么你对这类工作那么着迷,"她说,她的声音很平静,而且听起来相当远。"因为你听到这种发生在人们身上的事,而且这些事是那么的不公平,所以你觉得一定得想点办法。不管怎样,那是我的反应。"她停了一会儿,"其中一个反应。"

"那么其他的反应呢?"我问。

"我只想用我的手遮住我的眼睛,用手指头塞住耳朵,不要看到也不要听到那些事。我的意思是,我已经了解到这个世界丑陋的一面,我不确定自己了解这世界更丑陋的一面时能不能承受。"

我们第一个"事件"发生在第二天早上。学校对街正好有一座小公园,那座公园的设备并不怎么完善,可是有秋千和一座可以爬的大型木头建筑物,孩子们可以跑的空间相当大。那里有树木,因此尤其适合夏日早晨到那里去。那里大概有十几棵大树,有巨大的树干和长长又突出的树枝。公园管理处里有人设想周到,在最靠近游乐器材那三棵树周围设置了木头座位。

我们决定带果汁和饼干到那里去，让孩子们在休息时间玩秋千和爬木头建筑物。戴维和米奇认为这个主意很棒，于是就快速往前冲，杰夫必须跟在他们后面，在他们走到街上之前把他们抓回来。

虽然我同意杰夫所提的在休息时间带孩子们到公园去的建议，但在戴维和米奇跑掉的那一刻，我就知道这么做是不对的，毕竟我们对彼此都还很陌生，可是那个时候我们已经出发了。

一开始，情况还是那种孩子们喜欢而大人们痛恨的小规模混乱：乔舒亚在秋千上陷入一种自我刺激的发狂状态。杰西只是站在草地上，两只手臂往外伸，不停地转圈圈，转到头晕眼花。戴维、米奇和亚雷赫立即开始玩某种恐怖的噪音战争游戏，四处横冲直撞，还发出有如大炮一样火力的叫喊声。紫兰似乎对这种情况相当有兴趣，我看不出来她是因为没有适当的社交技巧而无法加入他们，还是她发现它纯粹是一种性欲的刺激；不管是哪一种状况，反正她开始自慰。男孩子们狂奔而过时，她大声对他们发出欢呼声和宛如炮火的声音。

不用说，我们的休息时间很快陷入震耳欲聋的狂乱状态中。只有凯蕾和塔玛拉没有加入这场混战。凯蕾紧紧抓着米丽安的手，忧心地看着其他小孩。相反地，塔玛拉似乎没有被这场大混乱吓到，可是她并没和我们大家在一起。她带着自己那杯果汁和饼干，走到木头建筑物下的轮胎所围成的小空间里。

十五分钟后，杰夫和我去把大家找回来，而米丽安则坐在其中一张凳子上，设法留住我们抓回来的孩子。席拉看起来一副相当绝望的模样。究竟是吵闹声还是她身边突如其来的过度吵闹状况使她变成那副模样，我不知道，可是整个过程她只是待在那里，而我愈是大声叫她去找孩子回来，她愈是站在那里不动，两只脚生了根似的。

我们把孩子们一一集中过来，最后只剩下戴维、米奇和塔玛拉。我在追戴维时听见杰夫的叫喊声："哦，我的老天！"

这时我们全停下来看。他正好把塔玛拉从轮胎里拉出来，而当她站起来时，我看到她浑身是血。我们其他人在别处时，塔玛拉利用独处的机会，用从木头建筑物上掉下来的垫子里的一根小小、尖尖的棍子，沿着下巴的皮肤刻出一条一条长长的线，虽然不是特别深，但还是流了很多血。

接着，和米丽安在一起的孩子们当中，突然有人开始尖叫起来。我的直觉是紫兰，于是我看了一下四周，那不是紫兰的声音，是亚雷赫。他看到塔玛拉的血，就用手盖着脸，不停地尖叫。我朝他跑过去，可是这么一来似乎让情况更加恶化。他扯开喉咙大声尖叫，朝草坪另一边跑去，一直跑到其中一棵树下，接着，他就像猴子一样，爬到那棵树的树枝上。

这下子我们全都傻在那里，就连塔玛拉也惊讶地抬头往上看，于是杰夫用手帕按住她的脸。亚雷赫一直爬，爬到离地面大约有15米的高度。

"哦，老天爷。"杰夫小声说，"现在该怎么办？"

我看了一眼四周的状况，接着后退看着树上的状况："亚雷赫？你还好吗？"

他已经不叫了，也没有做什么事，只是站在一根树枝上，低头看着我们。

"没有关系了，这里一切都很好。塔玛拉没有事，她只是抓伤自己，不严重的。你现在下来好吗？"我大声说。

"亚雷赫？"杰夫说，"该下来了。"

他动也没动一下。

"你想我可以爬上去吗？"我问杰夫。

"别傻了，海顿。"

现在米丽安在我们旁边，她拉着凯蕾："叫消防队怎么样？他们会做这种事吗？"

我看看四周，正好看到乔舒亚溜到马路上："哎呀，乔舒亚，过来这里，乔舒亚。"我追着他跑。我抓着他的T恤，把他拖回团体里。这时我注意到席拉坐在地上，她正在解她那双工作靴的鞋带。

"我可以抓到他，"她说，而且在我们都还没有机会反对时，她已经跳到树枝上，开始往上爬。

"哦，我的天，"杰夫大叫，"这下有两个人在上面了。海顿，你为什么让她那么做？"

"嗯，至少我们是在有位医生在场的前提下进行的。"

接下来大家都没说话，全都看着。

"我们会被告到死……"我听到杰夫喃喃自语的声音。

席拉毫不费力地爬上那棵树，和亚雷赫一样轻轻松松地在树枝之间晃来晃去，然后她晃到亚雷赫下面那根树枝。我听见她在跟他说话，可是听不出她说什么。

几分钟过去，我绞尽脑汁要想出一个好方法。毫无疑问，杰夫也和我一样。我们该打电话给消防队吗？警察？罗森泰博士？亚雷赫的父母亲？还是我们可以冒险等他下来？其他孩子怎么办？那时才十点四十五分，还有一个小时四十五分才下课。米丽安和我应该把其他人带回教室，假装没事吗？

然后，就在我准备建议打电话求救的同时，我看见席拉开始往下爬，过了一会儿，亚雷赫也跟在她后面下来了。杰夫、米丽安和我都松了好大一口气。

"嘿，你是英雄。"在我们开始往学校走时，杰夫对席拉说。他伸出一只手来放在她的肩上，"你的表现真的很棒。我打赌你一定感到很骄傲。"

席拉点点头，急忙低头躲开他的手。

"我希望你感到骄傲，"午餐后，当我开车送席拉到方登大道时，我对她说，"你的表现十分勇敢。"

她耸耸肩："是啊，我想是吧。"她把双手放在颈子后面，把头发拨离肩膀,"之前我并没有想到这点。"

"你在上面时,你们都谈些什么?你是怎么说服他下来的?"我问。

"我跟他讲西班牙文。我没说什么特别的,只说我知道他很害怕,还有我会协助他下来,不过我是用西班牙文说的。"

我扬起一边的眉毛:"我不知道你会讲西班牙文。"

"你并不了解我的每一件事。"

"没错。"

"我的意思是,你已经离开好几年了,桃莉。"

"是的,你说的并没错。"

我们沉默了一会儿。这时,席拉把脸别开,看着窗外。接着她又说:"住在移民营那些年还学不会讲西班牙文吗?可恶,那我就没有半个人可以讲话了。"

我没回话。席拉体内似乎存在着一股汹涌的暗流,它的出现让我不是很习惯。就像她似乎想和我在一起,但又似乎很容易生我的气一样。或许只是青春期的关系。不过我并不是特别懂得青少年的心理,所以即使我知道这点也没什么帮助。不管怎么样,那让我有点心烦。

席拉好像感觉到这一点,转为安抚的语气:"我认为讲西班牙文可能会让他感觉好一点。哦,更加安心。那只是我的一种想法。"

"那是个好主意。他懂得你说的话吗?"

"我讲得可是很流利的。"她反驳道。

"不是,我的意思是,已经很久没有人跟亚雷赫讲过西班牙文,而且他以前很有可能讲的是方言。"

"是的,他懂我的话。他下来了,不是吗?"

我们又陷入沉默。我正接近高速公路一处主要的州际交会处。到处都在修路,交通十分拥塞,所以有好几分钟的时间我都专心开着车。交通情况一舒缓,精神放松下来时,我才注意到这种情况。

"你知道吗,席拉,我一直觉得你在生我的气。"我说。

"我?"她不信地回答。

"如果有我喜欢的东西或人,你好像都会故意表现得你不喜欢。如果我说了什么,你好像就一定要证明我不对。而这种语气普遍存在。"

"可恶,你就是,哦,注意听我所说的每件小事,对不对?"她反驳道,"然后评断它。"

"我没有要这样做。"

"嗯,你知道,我也不认为你有那么伟大,"她说,"在你写的那本书中,你看起来对所有的事都很有耐性,但事实上并不是如此,你知道。"

我望向她:"你是什么意思?"

"你什么事都会生气。哦,比如你会骂这些开着车的人。"

"我没有骂人。"

"你有,"席拉说,"就像'快点,女士!''快点滚开,先生。'你随时都在生气,桃莉。还有,当我想上车而拉住门的把手,害你因此打不开车门时,你就会对我生气。"

"我没有生你的气。"

"你有!你用一种真的很生气的语气说:'放开它。'那和你那本书里所讲的根本不一样。书中的你好有耐性、好亲切,书中的你永远都在等待,从来不说一句气话,不过现在我可以看到真正的你,还有你随时都在生气。"

"没有随时,我很确定。"

"对我来说好像就是这样。"她回答。

"我是人,席拉。有时候我也会被激怒,也会情绪不好。"

"那和《她只是个孩子》里的你不一样。"

"对,或许不一样,那只是一本书中的角色。人太复杂了,很难在一张纸上完整地描述。还有,就某些部分来说,那样做也太无聊了。"

席拉哼了一声:"所以你是说那不是你。"

"那个角色是我的本质,可是不是我,不是。我就是我。此时此刻,我这个人就在这里。"

席拉又哼了一声:"可恶至极。"

13

"引导作画"练习

> 在我们班上的时候，我记得你带我们做过那种想象之旅。我们潜入大海里。

我让席拉在方登大道的巴士站下车后我就返回诊所。车上那番谈话让我很难过，也印证了我之前的自觉。她在生我的气。为什么呢？因为她原本期待我和书中的角色一样，没想到我竟然那么令人讨厌？我无法想象那样竟然会引起她那么激烈的反应。

我在办公室桌子上方的墙上挂着她十二岁时写给我的诗。我坐在椅子上，抬头看着那首诗。

……然后你来了
带着你的趣味方式
不是那么有人性……

不论她希望从我身上获得什么，她所得到的都和她的期待有所出入。

杰夫打开门，进入我们共享的小办公室。他刚刚结束一节治疗课程，显然和病人有近距离的接触，因为他的头发乱乱的，一边脸颊上还留有蓝色的蛋彩颜料。

"你的样子和我的感觉一样。"我说。

他把笔记本放在桌上。"我将永远不要走进婴儿精神科，这点我可以告诉你，"他没好气地说，"罗森泰可以自己完全拥有那个领域，我要把自己限定在那些不需要手指画的小孩。"

"我想我也不会为青少年下功夫。"我回答。

杰夫扬起一边的眉毛："谁招惹你了？是你那只小长臂猩猩吗？"

我点点头，还把我们车中的谈话告诉他。

虽然我曾经轻描淡写地告诉过杰夫有关席拉的过去，譬如她曾经是我的学生，但我从未跟他提过细节，比如她是我书中的主角等。出版一本书相当耗时，《她只是个孩子》还要几个月才会出版；再加上我质疑专业圈子对我冒险涉足大众化的非小说文学作品的接受程度，我从未和任何一位同事谈过那本书。现在我发现自己竟然在跟杰夫解释席拉较不光彩的过去和我们复杂的关系。

"嗯，"杰夫在我暂停时说，"你真的把自己置身于为难的境地了，海顿。"

"那么,你的想法是什么?"我问,"对这个女孩,我有什么地方做错了吗?我无意激起什么事情。"

他笑了一下:"你知道我认为这件事真正的问题是什么吗?你和席拉都犯了同样的毛病。她记忆里的你是从不对她生气的好老师,然而现在她发现你那么平凡,和一般人没有什么两样,她当然生气。可是,你知道,海顿,你也在做同样的事。你之所以扭曲她的行为,其实是因为你记得的席拉也不是一个真实的孩子,而是一本书中一个六岁孩子的角色。"

"我才没有这样。"

"我们都会这样,"杰夫回答,"记忆就是这个样子,是我们对自己所经历过的事的诠释。唯一不同的是,大部分的我们从未写过书。"

"你记得多少和你母亲有关的事?"隔天下午我送席拉到巴士站时问她。

"你是什么意思?"

"就像我问的。你对她有多少印象?"

席拉没搭腔。她把头撇开,看着窗外。

我倾听着沉默所传达的意思,试着弄懂她的情绪。那天早上天气相当好,经过前一天戏剧性的无序演出后,大家似乎都对能保持平静感到高兴。杰夫、米丽安和我开始熟悉彼此的工作方式,不太去干扰彼此。席拉却还像个局外人,并没有投入太多,不大和孩子们接触，也不太理我们三个大人。她没有积极参与活动，反而比较喜欢站在旁边看。我觉得这样也无所谓，因为她并不是特别熟悉这个领域，而且一切都才刚开始。大体上，这一天很顺利，去吃午餐时大家心情都非常愉快，席拉也一样。

"你有没有再见过你母亲？我的意思是离开我的班级之后？"我问。

席拉摇摇头。

"你知道她在什么地方吗？"

"不知道。"她的声音很平静。

接着就是一阵沉默。

"你记得她吗？"

这次席拉还是没有回答我。几秒钟过去，接着是几分钟过去。

我看了她一眼。

"不记得，"她平静地说，"我不记得了。"

"你记得吉米吗？"

"吉米……？你的意思是我弟弟？"接下来是一阵令人难过的沉默，"我想我记得。或许吧。我的心里有个影像，一个有棕色头发的人。那是个记忆，你知道，很久以前的记忆，而当我想把它放在……我想那或许就是吉米。"她看向我："为什么？你为什么要问？"

"我只是好奇。你想念你母亲吗？"

席拉扬起眉毛，一副惊讶的模样："有什么好想念的？我不认识她，甚至不记得她。我怎么想念她？"

"我只是想知道。"

"你想知道的事可真多。"

我们又碰上道路施工路段，交通陷于停顿状态。想到席拉前一天提到我对其他驾驶人的态度，我静静地坐着。

"我没有理由想念我母亲，"席拉平静地说，"她是个差劲的母亲。为我做每一件事的人是我爸。"

"嗯，我只是想知道。之前我们在一起时，这可是个大议题。"

"那时我还小。我想我六岁时那件事对我比较重要。"

第二天早上，我们把班上的孩子分成三个小组。这个构想原意是想让一个人负责最需要个别关注的杰西和乔舒亚，然后其他六个孩子按年纪来分，那样我们其中一个人就负责三个年纪较小的凯蕾、戴维和米奇，而另一个人负责三个年纪较长的亚雷赫、塔玛拉和紫兰。然而，在经过亚雷赫对塔玛拉行为的极端反应事件后，把他们两个人放在一起似乎不是明智的做法，所以我们把戴维和她交换。

我负责的是戴维、亚雷赫和紫兰这一组。我已经决定要进行我所谓的"引导作画"活动，让孩子们在想象一小段时间之后，把想象的东西以绘画形式表现出来。我认为这个技巧可以让孩子们抒发情绪，而且在小团体里的功效很不错。所以我们全坐在一张桌子旁。我拿出一大张白纸,并在桌子中间放了各式各样的材料让大家挑选,有细签字笔、粗签字笔、蜡笔、彩色铅笔、铅笔和粉蜡笔。

席拉过来和我们坐在一起。我原本希望她可以协助负责照顾乔舒亚和杰西的米丽安,因为他们真的需要一对一的关注,可是她一和这些孩子在一起似乎就感到很不安。我觉得让她以自己的速度进入状态比较好,所以我什么都没说,让她拉开椅子,坐在桌子的末端。

"好,"我以热切的语气和眼神看着坐在我对面的三个孩子,"知道我们今天要做什么吗?我们要来个太空之旅。"

"嘿,酷!"戴维说。

"不是的,戴维,放下你的笔,我们还不需要笔。我要大家闭上眼睛。闭上了吗?亚雷赫?闭上眼睛。很好。"我也闭上眼睛以鼓励其他人跟着做,"好,我们就要开始了:保持眼睛闭上,那样你们就可以看见火箭船。你们看到了吗?"我看到身边的孩子们在点头。

"好,开始了。你被安置在宇宙飞船的座位里。引擎发动了。感觉到引擎隆隆作响的声音了吗?引擎会让你的座位有点晃。"

戴维相当投入,我看见他小小的身体随着想象的宇宙飞船晃动。我也注意到在桌子末端的席拉把手肘固定在桌边,双手交叉,遮住眼睛。我认为她也加入了这个活动,但是她并不想让我知道。

"发射。上升,上升,上升,蓝天匆匆从你身边经过,颜色愈来愈浅。看到了吗？看着窗外，看着地球远离，你们正呼啸进入外层空间。哇，你们到了，你们已经在太空了。"

"现在你们可以解开安全带，四处走动。可是，哦！发生了什么事？"

"你变成无重量状态了。"席拉脱口而出。

"没错，你失去重量了。你在飘浮。那是什么感觉？你喜欢吗？你要上哪里去？四处看看。你搭乘的是什么样的宇宙飞船？是大？还是小？是什么颜色的？里面有很多空间可以移动吗？你要上哪里去？火箭船要往哪里去？看看窗外。你看到什么？星星？行星？你看到地球了吗？还是你离得很远了？外面是很拥挤还是很空旷？外面有其他宇宙飞船吗？再看看你的宇宙飞船。只有你一个人吗？还是有人和你一起旅行？是你喜欢的人吗？你现在在宇宙飞船里做什么？"

我停了一会儿，看着这些小孩，他们全沉浸在自己的幻想里："好，现在，当你准备好时，你就可以张开眼睛，然后我要你们把你们的宇宙飞船画给我看。"

就如平常此类活动所带来的效果一样，孩子们兴奋地从他们的幻想里醒过来，开开心心地伸手去拿绘画材料。

"我看到吸血鬼了，桃莉，"紫兰开心地说，"还有他的牙齿上挂着大大的血块。"

"你好奇怪。"戴维回答，顺便伸手越过她去拿签字笔。

每次我们请紫兰创造某种东西时，马上就会发现她做的是一个十字架，因为十字架让她摆脱吸血鬼的骚扰。这次她画了一个大型的黑色十字架，接着又画了几个小十字架，然后在这些十字架周围画了一些小小的圆脸，那些小脸全都带着开朗的微笑和尖尖的牙齿。

戴维忙着画画。他画了一艘大型的红白条纹宇宙飞船，宇宙飞船的尖端喷出鲜黄色的光，宇宙飞船周围有一大群各种颜色的星星。

亚雷赫迅速伸手拿了一支签字笔，不过他拿到签字笔后，却望着那张空白的纸愣了好一会儿，之后才慢慢开始作画。他画的宇宙飞船是浩瀚黑色宇宙中的一个小点。

就是这片黑色宇宙让他陷入麻烦。由于纸张很大，他很快就明白自己没办法用他正在使用的那支黑色签字笔把它画满。他把那支签字笔放下来，寻找可以用的画画材料，最后他看到桌子最远那一头有一支粗的黑色签字笔。他站起来，越过戴维去拿那支笔。在拿笔的过程中，他不小心撞到戴维的头。

"你这个笨蛋！"戴维气呼呼地挥舞着他的手臂大叫。

说时迟，那时快，亚雷赫抓住戴维的衬衫。事情发生得相当快，我万万没想到会这样，因此着实吓了一跳。我都还没站起来，就发现亚雷赫把戴维拖到地板上。他抓住戴维的头发，把他的头往地毯上撞。

我快步跑到桌边,可是我还没来得及抓住亚雷赫,他就惊慌失措地跑掉了。我们所选的教室是两间打通的,而我们之所以会选这种教室,是因为空间的关系。然而,学生那么少,我们不需要使用那么多课桌椅,所以我们把教师用的那张大金属桌推到远处一个角落里,然后把所有其他桌子套在一起,堆在教师桌子旁,之后再把椅子堆在那张桌子上面。亚雷赫就往那个地方跑。他滑过紊乱的桌脚,躲到那张教师桌子下面,如果不移动那些桌椅,根本没有办法拉他出来。

我首先担心的是戴维。他被狠狠打倒在地上,哭得死去活来,所以我就跪下来安慰他。杰夫和米丽安都过来帮忙,而我们全看着躲在桌子下的亚雷赫,他也用他那双深色的大眼睛看着我们。

"这下我们该怎么办?"我问杰夫。我不确定把他诱出来,让他坐在我们的"思过椅"上适不适当,或者他太过害怕,那样做对他也没有好处。

"我可以跟他说话吗?"说话的是席拉,"我可以像那天那样和他说话,或许我可以让他出来。"

"好啊,我想那是个好主意,"杰夫说,"席拉,你来负责亚雷赫。你来跟他说话,还有,如果他出来了,你就把他留在你身边。"

这一点似乎让席拉吓了一跳:"我要怎么处置他?"

杰夫给了她一个鼓励的微笑:"看起来是对的就可以了。时候到了你自然就会知道。"

那个时候始终没有出现。亚雷赫整个上午都躲在那堆桌子下面。

我们开车往方登大道的巴士站前进，一路上席拉都在沉思。"想象宇宙飞船的练习的重点是什么？"很久之后她终于开口发问。

"我想，是帮助孩子们自己体验。基本上那就是创意。"

"所以那只是一种创意练习？"

"措辞上是这样。这个团体里的大部分孩子在表达内在的感情方面都有困难，我发现这类活动通常是开始的一种好方法。"

席拉又陷入沉思。我们有四五分钟都没有讲话。

"桃莉？"

"什么事？"

"我记得你做那件事。"

"做什么事？"

"在我们班上的时候，我记得你带我们做过那种想象之旅。我们潜入大海里。"她的脸突然亮了起来，"我们围成一个圆圈，坐在地板上。我是跪着的。你给我们看杂志上的热带鱼图片，然后你要我们闭上眼睛，之后我们就潜到大海里看鱼。我还记得那些鱼在周围游来游去，黄条纹的鱼和天蓝色的鱼，各种颜色的鱼。"席拉在微笑。

我也笑着点点头。

"突然间，我就想起那件事了。真的好清楚，就像刚刚才发生过一样。我可以看见我们围成一个圈坐在地板上,可以看见你身后的黑板。"

"没错,我们常常做这种练习,几乎每一个人都很喜欢这个活动。"

她笑得好灿烂:"而且我记得它,真的记得。"

另类着装

> 她的脾气来得那么快,我惊讶得说不出话来。杰夫和米丽安也在办公室里,他们暂时停下手边的工作,盯着我们两个。

亚雷赫似乎认为和我们这个团体打交道太危险了,因为,第二天早上他到学校时不愿意下出租车。杰夫走到外面,试着和他谈谈,要他进学校,可是亚雷赫根本不听,他缩在后座地板那个小小的空间里。杰夫不习惯自己的病人那么不想见他,有意让亚雷赫回家去。他认为亚雷赫需要更多时间调适,而且只有以他自己的速度来调适,才会有正面的治疗进展。我并不同意,我认为亚雷赫一旦现在离开,就永远不会回来了。由于感觉到他未来继续和收养家庭一起生活的可能性,完全取决于他能否在这个暑期班里学习到更适当的行为。所以,尽管杰夫没有信心、亚雷赫大声反对,我还是硬把他从出租车后座给拖了出来,把他带进教室。

他真是个恶性的小男孩。当我必须用体力来应付孩子们时,大部分的孩子会用一种合理可判断的、"公平"的反击方式,让我可以在不伤害彼此的情况下抱住他们或移动他们。我的外胫遭受过攻击,不过也仅此而已。应付亚雷赫可不是这么回事。他拼了命反击,又是咬,又是抓,身体没命地扭来扭去,我几乎快抓不住他。

杰夫和米丽安都想帮我把那个孩子弄上台阶,进到学校里,可是只要有另一只手碰到亚雷赫,他就挣扎得更厉害。最后我只好请他们放手,只要确定出口有人守着就好了,以防我们还没有走进教室就又让他给溜了。

我们一到教室门口,我就松开亚雷赫,他立刻冲到前一天躲藏的那个角落里。他低下头,躲在教师桌子下。

"哦,太好了。"杰夫小声说,转过身来对着我,"你是这种事的专家。现在怎么办?"

当时,我想到一个女孩儿,她是我碰到的第一个患有严重精神障碍的孩子。当时的我年方十八,是幼儿园里的志工,那里有个小女孩每天都躲在钢琴后面。那所幼儿园的主任很棒,很懂得采用新方法,之后多年一直都是我的良师。他把同样的工作交给我。我花时间和这位小女孩相处,让她愿意出来。他并没有告诉我要怎么做或做什么,只告诉我那是我的工作,还说他对我有信心。他说,不论我选择做什么,都会让那个孩子的人生比当时那个样子要好。我始终不知道他是否了解接下来的几个月会永远改变我的人生,但我在特殊教育的整个过程都可以回溯到那个小女孩身上。

这件事对我产生的永久影响是,主任对我有信心,认为我一个这么不熟练、这么羞怯的少女有能力自行思考,有能力分辨需要做什么,然后去做。看着席拉,我知道自己很想给她同样的工作。

"你去陪他。"我对她说。

她看起来很慌:"要做什么?"

"他一定很害怕,去跟他说话。如果他想出来,很好;如果不想,你就自己看着办。"

席拉看了我好久,她的表情既疑惑又不确定,接着她看了一眼在桌子下的亚雷赫。

"记得你第一次到我班上来的感觉吗?"我问,"就把他当成你自己,和他说话。"

"我不记得了,"她说,"所以我想我办不到。"

"我相信你可以。"

她趴下来,那样她才能从乱七八糟的桌脚和椅子脚下面看到里面。整个早上她都用西班牙文轻柔地跟他说话。我自己不太会讲西班牙文,大部分她说的话我都不懂,可是她的声音渐渐变得温柔,还带有鼓励的意味。

亚雷赫并没有出来,他留在那堆金属桌脚和椅子脚后面,保持着蜷曲的身体,拒绝席拉的好言相劝。事实上,我并不认为那一天他曾和她说话。然而,席拉还是那么坚持。她起来走动过几次,曾过来帮我带那几名那天早上我负责的孩子,可是会再回去坐在亚雷赫旁边的地板上。她的专注令我印象深刻。我想那是我们头一次让她完全自行发挥。

接下来两个星期,亚雷赫还是继续躲在桌椅下面。他每天早上到学校时都会被人从出租车上带下来,进到教室后,就飞快跑到教室那个角落,躲在桌子下面,到午餐时间再被拖出来回家。我和杰夫曾想过要把他弄进教室里而且不让他躲到那个地方,我们讨论过这么做的利弊得失,但最后我们认为,他可以用这种方式保有自己的安全感或许比较好。所以每天都上演同样的戏码。

席拉继续劝亚雷赫出来。有好几天她都躺在地上和他说话,有时讲西班牙文,有时讲英文。维持这种单向式的对话她相当在行。我从来不认为席拉特别聒噪,也没期望她用那种方式处理这种情况,可是她做到了。她的谈话内容都是一些愉快的问题,像是他喜欢什么样的食物、运动或其他活动,他不在这里时是怎么打发日子的,他比较喜欢哪一种动物、学校里的哪些科目,以及许多其他的问题。

虽然亚雷赫从来不多话,但他偶尔会回答。他似乎很喜欢她讲西班牙文,而我们常常会听见他在她讲西班牙文时会小声回话。他们就这样相处,一天三个半小时,一周五天。

随着继续与亚雷赫分享地板空间,席拉对他的境遇愈来愈有兴趣。没有人知道他真正的家人，就连他们的名字或是他们还在不在人世都无从得知。席拉不断发问，想找出真相。我试着跟她解释那样做不切实际，而且也完全不可能获得答案，可是席拉依然很好奇。

亚雷赫被人发现活在垃圾桶里的传奇故事，给了席拉相当多的话题来源。从他当时必定又冷又饿，到一个年幼的孩子在那种环境里存活的真正逻辑，她全仔细想过。当然，我怀疑，在某种潜意识里，席拉认为这种情况和她自己被遗弃有关。我记得六岁时的她一直不断重述她母亲带着她和她弟弟吉米离家出走的事：她母亲如何停下车，把她拖到高速公路边缘，然后快速离开，消失在黑夜里，从此再也没有人看到过她。席拉现在重述亚雷赫被遗弃过程的需要，让我想起好久以前的那些对话。

不论席拉心理上发生什么变化，她对亚雷赫的态度逐渐明确。她非常渴望接近他，说服他并让他可以信任自己，就是这种渴望让她那么投入去照顾他。

然而，尽管有这项工作上新发现的热情，其间还是存在许多和席拉相处的激烈时刻。最危险的领域之一就是她的外表。

由于自席拉小时候我就认识她，我必须承认她现在的样子一点也不是我所期待的。即使当时她总是一身脏兮兮，却是个非常漂亮的孩子。她那头深蜜糖金色的长发，非常非常直，是那种用手指头把它拿起来时会像液体般流动的头发。她的五官突出，下巴有个小凹洞，还有一张特别诱人的嘴。

那个下巴、那张嘴、那副突出的五官当然还在，可是那头烫过、染成鲜艳颜色的头发让它们黯然失色，而且每样东西都因为席拉那身打扮而相形见绌。她究竟是从哪里学来的流行感，我也只能猜测，那和所谓流行差得可远呢。

我们已经看过多种包括那件白色长内衣裤和洋装及 T 恤的组合。事实上，她最喜欢的搭配之一是长内衣裤上除了一件非常宽松、农夫风格的衬衫外，其他东西都没穿，这让她看起来就像是在更衣室里被人打断的《屋顶上的提琴手》(Fiddler on the Roof) 里的临时演员。她还有一种打扮是将带有花边、白色的维多利亚式男用睡衣拿来当作洋装穿，通常会穿在颜色鲜艳的 T 恤上，偶尔是霓虹色的长袖条纹 T 恤，最后再配上那双厚重、系鞋带的工作靴。

她的耳朵打了耳洞，左耳打了五个洞，右耳打了两个洞。感谢上帝，她身体的其他部分似乎没有受到这种待遇。她的耳朵上只戴了薄薄的金耳环，但它十足的重量弥补了它们的朴素。

无可否认，这些打扮都要花点儿工夫去习惯，但事实是我并不在乎。当我逐渐习惯之后，我发现有些衣服的组合还挺迷人的，只是有点怪异。她对衣服有明显的敏锐度，此外，她还有穿此类衣服所需要的纤细、优美身材。要是席拉与比杰夫和我前卫一点的人在一起，她的想象力说不定会有人欣赏。

然而，席拉的父亲似乎不欣赏她的服装品味，而且就我所知，他们经常为这件事争吵。此外，她的学校也不是很开明，她不止一次被送回家换衣服。我想，这就是席拉对这件事特别敏感的原因，因为很明显地，从第一天开始，她就想穿这些东西，且依她过去的方法看事情，不想让任何人觉得她外表特别，哪怕是暗示也不行。

杰夫经常开她的玩笑。由于她那头橘色头发和第二天的攀爬绝技，他帮她取了一个"长臂猩猩"的绰号。当然，他这么称呼她一定会让她大声吼叫的。更糟的是，他拒绝停止评论。"我们要不要帮你把空调调小一点，那样你进来时就不需要在衣服上加睡袍了？"或是"爷爷还没想念他的内衣吗？"

对于这些评论，就像他大部分的讽刺幽默一样，席拉会像突然发狂的小猫一样，而且我相当确定她的愤怒是认真的。我曾希望把两个如此强而有力的人放在一起，但那个希望早就消失了。席拉很讨厌杰夫，而杰夫的行为让情况变得更糟。我试着要他管好他那张嘴，但一点用处也没有，他就是喜欢逗她。

我一旦调整好自己的心态，要自己那张嘴不批评她的外表就不会太难。能让我感到震惊，并不是件容易的事，而且我可以轻易挡掉不想要的感官信息，所以除了调解她和杰夫之间的事之外，通常我都可以避开火线。这么做也很正确，因为有几次我意外卷入他们两人之间时，席拉的火力全开。事实上，我怀疑席拉的外表具有挑衅意味，当我对它没有反应时，偶尔会让她不得不来找我。

有一次，课程结束后，我们在后面的办公室里。有些孩子上课时画了画，席拉正在帮我清洗那些画画的罐子。水槽里满满的肥皂水，席拉的手臂泡在水里，几乎到达她的手肘高度。

"你可以帮我把头发弄到后面吗？"当我拿更多罐子过来时她问，"我左边的口袋里有个发圈。你可以帮我把头发弄到后面绑紧吗？"

我伸手到她的口袋里，抽出那个发圈，开始把她的头发顺到后面好把它绑起来。这让我立刻想起小时候我帮她绑头发时的情景。那时候她的头发好漂亮，又滑又直，触碰它的感觉真好，我一直很喜欢上课前帮她梳头发的那段早晨时光。现在我的感觉截然不同，她那头烫过又染过的头发像一团卷卷乱乱的东西。

"我在想这个周末要把我的头发染成黄色，"席拉说，"我看到药房里有这种东西，而且只要两块四毛九。"

"你有没有想过让它长回原来的样子？"

席拉迅速转过身，用力把我的手打下来，使肥皂水飞得到处都是："别弄了！别再弄了！"她气得大叫。

我吓了一跳，整个人往后跳。

"那就是你想要的，对不对？控制我！把我变回你的小乖乖。我不是她。我就是我！而且你再也不能告诉我要怎么做了。"

她的脾气来得那么快，我惊讶得说不出话来。杰夫和米丽安也在办公室里，他们暂时停下手边的工作，盯着我们两个。

"我不再是你的财产。我不是你的，我不是你创造的！"

15

席拉的画作

> 这就是这份工作唯一的问题：你和我永远没有时间独处。我原以为我们会有更多独处时间，可是他们一直都在。

接下来那个周一的早上，我和戴维、塔玛拉还有紫兰一起玩"空椅子"游戏。这是著名的精神医生皮尔斯（Fritz Perls）发展出来的一种治疗技巧，就是在团体中放一张空椅子，假装有人坐在那张椅子上，然后对着它说话。我们在讨论愤怒的感觉和悲伤的感觉，还有这两种感觉有时候会如何混在一起。我轮流要每个孩子想想有某个人让他们产生那种感觉的时候，想象那个人就坐在那张空椅子上，然后和他或她说话，把自己的感觉告诉那个人。我们花了一点时间才开始。我先做示范，我请我的一位邻居坐在那张椅子上，他很不喜欢我养的猫。之后我跟那张空椅子说，当我看到他虐待我的宠物时，我有多么生气。接着由孩子们轮流发言。一直进行第二轮时，人家才开始抓到适当的情绪。

轮到塔玛拉第二次发言："我要请我妈坐在那张椅子上。"她说。

"好，"我回答，"那么你要跟你妈说什么呢？"

"我对婴儿厌烦了。"

"好。"

塔玛拉看着我："我想告诉她，我不想再照顾婴儿了。她为什么要有那么多她自己没办法照顾的孩子？"

"你可以告诉她吗？"我问，"想象她就坐在那里，然后把你的感觉告诉她。"

"我不想再照顾婴儿了，"塔玛拉说，"我对婴儿很厌倦。他又不是我的。只因为我是老大就得照顾他，那样不公平。我为什么要照顾他？"

她泪水盈眶，说不下去了。她望向我说："我年纪太小，没办法照顾他。"

我指着那张椅子："你为什么不把那样的感觉告诉她呢？告诉她你觉得自己年纪太小，无法负担那么大的责任。"

塔玛拉含着泪水点点头："妈，我还很小，我需要你照顾我。"

她坐下来，而大家有好长一段时间都陷在沉默之中。

"好了，紫兰，"我说，"那你呢？"

紫兰移动沉重的脚步。她走近那张椅子，在椅子旁走动着，两只眼睛一直盯着那张椅子。她在第一轮发言时是请学校一个女孩坐在那张椅子上。紫兰告诉我，她想问那位女孩为什么一直对她那么恶劣，可是当那个女孩坐在那张椅子上时，紫兰就开始不停地胡诌鬼魂的事。因此我对她第二次发言并不抱什么希望。紫兰的问题太多了，显然无法应付这样直接的方式。

"我要请亚雷赫坐上那张椅子。"紫兰说。我吓了一跳。

亚雷赫就在不远的地方，我们围的圈圈离席拉躺在地板上和他讲话的地方只有一尺之远，而在我们进行空椅子活动这段时间，席拉一直都在听我们说话，她现在盘起腿坐在圈圈的边缘。当有人提到亚雷赫的名字时，她稍微低下头去看那堆桌椅下的他。

"好的，"我说，"你想跟亚雷赫说什么？"

"亚雷赫，你为什么不和我们在一起呢？"紫兰说着就走近那张椅子。她偏着头，很近地看着那张椅子，好像真的看到亚雷赫似的，"你为什么一直躲着我们？这里并不可怕，而且我想念你，我希望你能出来。"

她绕着那张椅子走，然后站在椅子的左侧："我很气你跑去躲起来，因为我认为你不喜欢我。我觉得很难过，因为我想和你做朋友。你为什么不出来呢？我想和你在一起。"

"好啦。"

大家都吃了一惊，猛地转过头去看，看到亚雷赫就站在那堆桌子旁。

"他出来了！"戴维兴奋得大叫，我原以为亚雷赫会冲回到桌子下，可是他并没有。

"你想不想加入我们？"我问。我从附近一张桌子那里拉了一把椅子，把它放在我们的圈圈里。

亚雷赫还是站在那里没动。

"你想不想玩？你想不想跟那张空椅子上的某个人讲话？"我问。

他摇摇头。

这时，盘着腿坐在地板上的席拉伸出手来："过来，亚雷赫。过来坐在我旁边。"

他毫不犹豫地走到她旁边坐了下来。

"我们来改变一下。你们已经有机会和那张空椅子说话，现在，我们来假装那张空椅子可以跟你们回话。"我说，"塔玛拉，你刚刚和坐在那张椅子上的妈妈说过话，现在你去坐在那张椅子上。"

她从位子上站起来，犹豫了一会儿，接着走去坐在圆圈中间的那张空椅子上。

"现在你是你妈妈，你刚刚听到塔玛拉说的话了，你来回答她的话。"

塔玛拉静静坐在那里好久。"我不是故意要让你那么辛苦的，"她开始说话时语气平静，"我只是生太多孩子了。"她停了一会儿：

"别结婚,塔玛拉。别生孩子。"然后她站起来,走回她的位子。

"现在轮到我了。我就是亚雷赫。"紫兰说,并且对他露出笑容。她走到那张椅子旁坐下来,"紫兰,我很高兴你要我出来。我在那下面躲得好烦。你对我很好,现在我要做你的朋友。"

我对紫兰笑了一下,然后看着亚雷赫:"你可以告诉我们,当紫兰说她很希望你出来和我们在一起时,你的感觉是什么?"

"很好。"他说。

席拉和我并没有像平常一样和杰夫及米丽安一起吃午餐。我在中午过后得马上去学校附近看一名病人,所以我带了午餐,准备到对街的公园去吃。席拉如果没有到方登大道乘车,就必须在两条街外的大路上乘车,那是相当复杂的转车过程。那天早上的课一结束,她马上就离开。我原以为她直接到巴士站去了,然而她又回来了,还带着一个麦当劳的袋子,和我一起在公园里的凳子上野餐。

"我不用立刻回家,"她说,"反正家里也没人。"

"我向来很高兴有人做伴。"我说,边拆开三明治的包装。

我们专心享用了一会儿午餐。

"平常下午在家你都做些什么事?"我问。

席拉耸耸肩:"看情形。"

"你会和朋友一起玩吗?"

她停下吃东西的动作,然后又耸耸肩:"偶尔。"

"我不常听你提到朋友。"我说。

"那不表示我没有朋友，如果你是在问这个问题的话。"她用的是试探性的口吻，"只是我不常和他们在一起，就是这样。"她咬了一口汉堡："我上的是一所古怪的学校，如果你想知道实情的话，我就告诉你，那里没有一个我真正想交的朋友。"

"你都做什么事呢？"

"就像我刚才说的，看情形。我通常要做家务，你知道。我爸当然不会做家务。如果把家务留给他做，那我们就会住在猪圈里。除此之外还有采购东西、做饭。你以为谁做饭呢？"

我点点头。

"你知道，他很幸运有个女儿，有个人帮他把这些事全做完了。如果我是个男孩，他就没辙了。"

"你们是怎么协调的？是他给你买东西的钱，由你来决定要做什么菜吗？"

"我一定要跟他拿钱的。"她两大口吃完了汉堡，"哦，几年前我就学乖了。我得在几分钟内从他那里拿到钱，否则就拿不到了。"

我注视着她。

"大部分是我跟他要而他给我的。现在他已经习惯我这么做了，可是如果他没给我，我还是有能耐能拿到钱。我会跟他说我要去洗衣店，立刻就要他穿在身上的那条裤子，所以他要不要换下来？然后他就会把皮夹拿出来。或者有时候，我就等到他睡着时。"

"我以为他已经不喝酒、不嗑药了，我以为那都是过去式了。"

她不屑地哼了一声:"别天真了。"

"他在喝酒?"我惊讶地说,"我以为棒球队……"

"人是不会改变的。你不明白吗?环境会改变,但人永远不会变。"

既然亚雷赫已从他原本躲藏的地方出来,杰夫和我决定采取明确的方法,防止他又回到那里。所以我们第二天一大早就到教室,使尽力气把多余的桌椅搬到一间空教室里。这同时也给了我们较大的活动空间。

出租车抵达时,亚雷赫还是不愿意下车,于是席拉进到车子里,和他坐了一会儿,然后才把他哄下车。这是三个星期以来他头一次不需要被人拖进教室,而是牵着席拉的手,自己走进来的。

"我可以自己一个人带着他,和他做功课吗?"席拉问。

"如果你愿意的话当然没问题。你有什么计划吗?"我问。

她耸耸肩:"我和他在地板上的那段时间想到一些不同的事。我想,或许他认为那样比在一个大团体里要自在。"

他们走到教室最远处,来到一个小小的矮书柜前,然后坐在地板上。我看见席拉把罐子里的乐高积木倒出来放在他们两人中间,接着他们就开始堆积木。

那天轮到我带那两名患有自闭症的孩子,乔舒亚和杰西,因为他们需要全心照顾,所以我没有多少机会去看席拉和亚雷赫的互动情况。他们一直到点心时间和休息时间都还埋在乐高积木里。

他们出去时，我趁机走过去看他们盖了什么东西。似乎没盖什么东西。有几个长方形的结构，看起来像是盖了一半的房子，还有几条合在一起的长长细细的积木。

"我们该让他们继续下去吗？"

我吃了一惊，突如其来的声音让我跳了起来，转身一看是杰夫。他走到我站的地方，弯下身去，捡起其中一个长方形的积木组合："我想他们休息时间过后会继续玩这个。你认为我们该让他们这么做吗？"

"你认为呢？"我问。

"我刚才在偷听。他们的对话相当有趣。他们好像在用乐高盖监狱，然后把乐高小人放在里面。他说：'她说不可以！不可以！不可以！你再那么做，我就把你关在你的房间里。我两天不跟你说话。你那样真是不乖，你不可以看电视。'然后席拉说：'把她关在牢里。这是坏妈妈的监狱。把她关在那里，我们要惩罚她。我们要怎么处置她呢？'然后亚雷赫说：'割她的喉咙，让她流血。用炸弹炸她，直到她死为止。'所以他们就这么做——丢大块的乐高。"杰夫望过去，"有点难分辨究竟是谁在带谁。"

"听起来是这样。"我回答。

"我想我们应该让他们继续，如果他们想的话，"杰夫说，"他说的话比我之前所听到的还要多，不过……我想继续听。"

这些谈话的内容让我感到很沮丧。就如同我想给席拉一个在这里和我们相处的正面经验一样,她也是个没有受过训练的少女,而不是治疗师;再者,她仍然带着许多自己的情绪包袱。她是想模仿杰夫和我的治疗活动,而鼓励亚雷赫玩吗?还是她是在满足自己的需要?或是两者皆是?

我们没有机会找出答案。休息时间过后,米丽安和席拉带着孩子们进来时,亚雷赫相当高兴地和其他人一起在画画桌那里活动,而席拉则去清理点心时间留下来的饼干。

那天早上的课程结束后,我在收拾东西时,席拉走过来找我,"我们别和他们去吃午餐。"她说,并把递给我的材料放在柜子上。

"你不喜欢吗?"

"我们像昨天一样到公园里吃午餐,我喜欢那样。外面的天气很棒,阳光充足,之后我们再到那个昏暗的餐厅去坐坐。"她回答。

"问题是,"我说,"我今天没带午餐,所以我没东西吃。再说,两点时我在诊所还有一个约,所以,如果我不迅速解决午餐,就不能在回来之前送你到方登大道。"

"没关系,我可以从这里搭巴士。"她弯下腰去解开一只靴子的鞋带,脱掉靴子。她拿起那只靴子,拍拍靴子,从里面掉出一张五元纸钞,"如果你吃得不是很多,我可以到麦当劳帮你买点东西。"

"好吧,那就吃麦当劳,不过我来买。"我说,"我们这里收拾好之后,你可以负责跑腿去买。"

那个早上的情况很混乱,桌上有手指画,黑板上有软性彩色蜡笔涂鸦，沙盒里有水。除此之外，还有一堆垃圾。杰夫在后面的水槽里洗颜料罐，而米丽安则在给书本分类，把它们分别放进书柜里。

"你跟他们说了吗？"席拉问，她走到我正在擦桌子的地方。

"跟他们说什么？"我问。

"我们不跟他们一起吃午餐。"她回答，有点生气。

"还没有，不过我会跟他们说的。我们来把这里清理完，今天这里真的很脏。"

"我们就可以清理，"她说，"你为什么不跟杰夫和米丽安说他们现在可以走了，你和我来清理就可以了。"我没有立刻答话，席拉于是又继续说下去："这就是这份工作唯一的问题。你和我永远没有时间独处。我原以为我们会有更多独处时间，可是他们一直都在。有时候我只想和你在一起。"

我露出微笑："好，那就去跟他们说我们来清理教室就好了。"

我希望席拉要求和我单独相处是表示她想和我谈一谈。之前杰夫提到她稍早和亚雷赫之间的对话还是让我有点不安，我希望她想讨论他们之间的对话，或者至少和我讨论亚雷赫，但事情似乎不是如此。教室里只剩下我们两个人时，我们继续清理的工作。

席拉从橱子里拿出一组干净的板擦，开始擦黑板上的画，而我则用图钉把手指画钉在布告栏上。后来我再看时，她的手里拿着一盒彩色粉笔正在黑板上作画。我没说什么，不过席拉很快就知道我在看她。

"在这个地方的另一个问题是我一直没得玩。"她说,还害羞地笑了一下,"我一直希望自己也是学生,而不是你们当中的一个。我的天,这些孩子们做的事看起来好像很好玩,真像是一所梦幻学校。"

我也对她微笑。

"我可以用这个画一幅画吗?"她迟疑地问,拿着那盒粉笔,"哦,或许可以当作装饰?给他们明天到学校时用?看起来会比空空的黑板要好一点,你不认为吗?"

"是的,当然,画吧。"

席拉全心投入地画了一幅很大的画,画面布满了整个黑板。她的专心程度令我惊讶,她专心的模样就像突然跳脱了自我。我完成工作时已经接近午餐时间,但我不太愿意打断她作画的兴致,因为她相当投入。

"我该去买汉堡吗?"我问。

"你愿意吗?"她惊讶地回答,"天,哦,真好。"

当大约二十分钟后我回来时,席拉正要结束黑板上的画。那是一幅很有趣的画:金色沙漠铺满整面黑板的宽,上面几乎没有什么东西,只有一棵孤单的树形仙人掌和几株有树枝但没有叶子的灌木。然而,沙子下面有无数个小洞穴,洞穴里面有蛇、老鼠、蝎子、兔子和甲虫。最远处有一个穿着登山鞋和短裤、头上扎了一条红色围巾的女性徒步旅行者。

"嘿，很不错嘛。我不知道你是这样的艺术家。"我说。

"你不知道的关于我的事可多了，桃莉。"

"很好。你把那位女人表现得很真实。不过我尤其喜欢沙子下面的那些东西。你看兔子的洞穴，一个普通的养兔场，有个别的空间可以让那些兔子进去。我永远没办法光凭想象就画出一只蝎子。"

席拉露齿而笑："我喜欢做一些让你惊讶的事。"

我看着那幅画："可是，她看起来很孤单。所有东西都远远地躲着她。"

"好了，别做心理分析了。这只不过是一幅画。"

"那么，"我说，"你来告诉我它的故事好了。"

"它就只是一幅画。她走在沙漠里，加州的沙漠。我看过它的照片，那里有像那样的灌木丛。"

加州，我想到席拉的母亲就是到那里去，不过我没说出口："以那位旅行者的观点来看，还是很孤单。"

"是啊，沙漠里存在着许多孤单，你会有点觉得你面前是一大片空白。"她回答。

"而且所有活的东西都躲着你吗？"我试探性地说。

"嗯，是啊，那个，或者……"她转过来看着我，嘴上挂着狡黠的微笑，"或者所有的东西都藏在表面下，等待被人发掘。我说对了吧？我抓到你想说的话了吧？我也会诠释图画了吧？"

我没脾气地耸耸肩。

"你很想把手放在我身上,对不对?你真正想要的是要我说这个人就是我,而这片沙漠就是我的人生,对不对?"

"只要那是真的。"

"哦,是真的,"她说,"而且你应该知道。"

生日礼物

> 席拉看见彩带和气球、彩色的粉红豹纸盘和帽子还有蛋糕时,并没有故作老练,她好开心,把所有的东西一一拿起来看。

席拉十四岁生日是在七月初,就在因为七月四日的关系而中断课程三天之前。我跟杰夫说,这是为期八周的暑期班里唯一遇到的生日,开个小小的宴会会很棒。在教书期间,我向来都会特别费心安排班级的庆祝活动,一方面是因为这些庆祝活动可以让一成不变的课程有愉快的变化,而更多的原因则是因为这些残障儿童由于家庭里有情绪障碍的问题,甚至加上经济环境的关系,经常没有机会可以体验宴会。我教过的小男生和小女生当中就有许多从未受邀参加过生日宴会,也不曾有过当生日宴会主角的经验。于是我烤了一个大巧克力蛋糕,上面用席拉的名字作装饰,米丽安负责准备宴会要吃的各式小点心，杰夫则准备纸帽和喇叭。

席拉看见彩带和气球、彩色的粉红豹纸盘和帽子还有蛋糕时，并没有故作老练，她好开心，把所有的东西一一拿起来看。

"我的天，你们这是为我准备的吗？可恶，"她说，试着戴上帽子，"我的天，我从未戴过这个。看起来怎么样？哪里有镜子？我一定得瞧一瞧。"她走到打扮角落那里，拿出那个小小的化妆镜："我常常在想自己戴上这种帽子不知道是什么样子。"

其他的孩子们也一样高兴，看到亮丽的装饰和那一长排食物时，开心地尖叫起来。我开过许多次宴会，知道场面会乱成什么样子。大家都有点过度兴奋，制造出来的噪音令人无法忍受，而且任何方法都无法制止。然而，在我看来，这种混乱有其神奇之处，而且我一向很喜欢这种沸腾状态。

宴会开始时，我们先玩游戏，接着再享用美味的点心，最后的高潮则是分享蛋糕。所有的小孩对席拉的蜡烛数目都大为惊讶，更惊讶的是她还有能力把它们吹熄。蛋糕切好，每个人都分到一块之后，杰夫说："好了，现在是礼物时间。"

我送她一张当地百货公司的礼券，那样她有空时就可以去挑她喜欢的东西。米丽安擅长手工艺，她做了一条很迷人的编织皮带。接着杰夫递给她一个包装非常漂亮的小包裹，从那个包裹的形状看来，它显然是一本书。席拉从他手中接过礼物时顿了一下，看着它。那个礼物是用闪闪发亮的金色包装纸包的，和我以前看过的东西不一样,而且想到杰夫花时间去做像包装生日礼物这种事,我就觉得十分惊讶。

席拉很小心地把胶带撕开,里面是一本莎士比亚的平装本《安东尼与克莉奥佩特拉》(*Antony and Cleopatra*)。席拉把它拿起来,看着封面。她不知道该说什么,只顾盯着那本书。

"桃莉说你喜欢恺撒,"杰夫说,"这故事的时代背景相同。"他注视着席拉的脸:"你看过这本书了吗?"

她带着毫无伪装的不信任表情,翘起嘴唇,摇了摇头:"这是莎士比亚。"

"是啊,先别排斥他。忘掉作者是什么人,把它带回家读。书里这两位封面人物之间的故事是全世界最棒的故事之一,而且你将会遇到一位灵魂伴侣。"

席拉抬起头,一脸惊讶的表情:"我?谁?"

"你读了就会知道。"

* * *

吃过午餐,在往方登大道的路上,席拉都好开心。

"谢谢你们,桃莉。你和米丽安还有杰夫今天为我所做的一切真的很棒。"她说。

"我们认为那样会很好玩,我很高兴你喜欢。"我回答。

她笑了:"我以前一向讨厌举办暑期生日宴会。学校其他小孩都有点小题大做,你知道,比如唱'生日快乐'或什么的,而我什么都没得到。可是我一直很想要生日宴会，只要一次就好了。你知道，只要一次，那样你就可以站起来，然后大家就会认为你很特别。"她停了一下，"小时候那样一件蠢事会有那么重要，真是好笑。"

我点点头。

"如果你想听真话的话，我就告诉你，这是我的第一个生日宴会。"

我又点点头。我想也是这样。

"有一次，我住在一个寄养家庭里时，我想当时我八岁，即将九岁，他们说要让我办一个宴会，而且她还带我出去看纸盘和零零碎碎的东西，可是……"她把头转开，看着窗外，"我的宴会没有开成，因为我做了某件事或什么的，我现在不记得了，反正她告诉我，因为那件事，我生日时什么也得不到。可是，你知道，我本来就不认为她会做什么，因为她始终没有买纸盘。我想她只是让我兴奋一下而已。"

"那一定很令人失望。"我说。

"是啊，不然还会怎么样呢？"

我没有回话。

席拉低头看着她腿上的礼物。她把我给她那张礼券抽出来看，然后又把它放回封套里。接着她摸一下米丽安编织的皮带。最后，她开始翻杰夫送她的那本书。

"你想他究竟为什么给我这个？"她小声问，"那是一份怪异的礼物。"

我没回答。

"你读过吗？"

"读过，很久以前，我在学校时曾经写过一篇有关它的报告。"我停了一会儿，之后笑出声来，"老实说，我没读过，我在你这个年纪唯一的人生目标就是找出如何逃避写功课还能拿到好成绩。我是个世界级的浏览高手。我不认为自己在二十二岁之前曾经真正把一本书从头到尾看完。"

"桃莉！"她说，口气相当惊讶。

我转过去微笑地看着她。

"我的天，我还以为你有多完美，"席拉说。

她停了一会儿。

"那么，你也不知道里面写些什么？"她问。

"嗯，不过就是有关安东尼与克莉奥佩特拉的事。你知道谁是克莉奥佩特拉吧？"

"不是很清楚。很久以前的一位埃及皇后，仅此而已。"席拉回答，"我想不出来为什么杰夫要我读这本书。我的乖乖，莎士比亚。"

"我想你得读它，然后找出原因。"

我又开到道路施工的路段，于是我放慢了车速。

"我记得另一本书，"席拉说，"在你那个班级时的那本书，《小王子》。你记得你念那本书给我听的事吗？那是我喜欢最久的一本书，我对它就是不会厌倦。"

"是啊，我记得很清楚。"我说。

"我还引述得出我最喜欢的部分，"她对我微笑，"你知道我最喜欢书中哪一个人物吗？"

"王子吗？"我试探性地问。

她摇摇头。

"狐狸吗？"

"不是，是玫瑰，我喜欢那朵玫瑰。它是那么自负，那么自满，还有……记得它如何拥有那些刺，四根刺，就自以为很勇敢的内容吗？记得那一段吗？玫瑰告诉王子：'让老虎带着它们的爪子来吧！'"席拉突然发出低沉、凶猛的声音，"而王子说：'我的星球上没有老虎，再说，老虎也不吃草。''我不是草！'"又是戏剧性的演出，语调中特别强调"草"那个字。"她觉得很不好意思。接着她又说：'就让老虎来吧！我一点也不怕老虎！'"席拉微笑起来，"我可以想象那朵勇敢的小玫瑰。"

"我知道你为什么喜欢她，"我说，"那段时间，你自己就有一点像一朵小玫瑰。"

她皱皱鼻子，"哦，我的天，我才没有。桃莉，我的天，那可不是恭维。一朵花？不对，我是把自己当成老虎。哇哇！"她说，还开玩笑地对我伸出像爪子一样弯弯的手指头，"我是老虎的孩子。"

故地重游

> 我们接近移民营时,她变得愈来愈沉默。她把脸撇开,看着窗子外面。

七月四日那个周末,我问席拉愿不愿意和我去一趟玛丽斯维尔,也就是几年前我那个班级所在的地方。那是一段两百里的路程,而且我认为在诊所暑期班再度开课之前,这样安排我们的四天假期相当不错。

席拉很兴奋地接受了。她只有五年前回去过一次,当时她的寄养家庭带她回去探望她在监狱里的父亲。我也差不多有那么久没有去那里了。我曾经有一两次经过那里,不过都没有停留。除了查德之外,我所有亲近的朋友现在都已经不在那里了。

我的计划是周四一大早去接席拉,然后我们从容地越过州际到玛丽斯维尔,周五周六我们就到处走走看看。查德和他的家人邀请我们周六晚上和他们一起庆祝七月四日国庆节，然后周日我们就打道回府。

当我停下车时，席拉正在屋子外面的台阶上等。当时天色还很早，刚过六点，太阳还没有高到足以驱散所有的阴影。即使如此，我还是拼命眯着眼睛看门边的那个人影，是席拉吗？

"我这么做可是为了你，"她强调，顺便把她的帆布袋丢进后座，然后上了车，坐在我旁边。她把安全带系上，"我希望你会喜欢。"

我能说什么？橘色头发不见了，取而代之的是一头鲜黄色的头发，突出的模样就像头发也有自己的生命似的。有点像玛丽莲·梦露（Marilyn Monroe）遇见"科学怪人的新娘"（Bride of Frankenstein）。

"你说我金发比较好看，"她回应我讶异的沉默，"我想，好吧，就为了你，因为你要带我到某个好玩的地方。"

我在愉快的心情中出发。我喜欢开车，而且夏日一大早是开车的绝佳时机。虽然连着几天天气都相当热，但空气还是很凉爽，而且湿度很低，远处的地平线相当清晰。

"我在想我们会有什么发现，"席拉说，"我们可以到学校吗？"

"学校应该是关闭的，不过我们可以看看操场。"

当我通过高速公路最后一个出城的必要交流道时，席拉自己在玩，想把收音机频道调到摇滚音乐电台，可是我的收音机不是很好,最后她放弃了。

"你离开我的班级后,去了哪些地方?"我问。

她耸耸肩:"很多地方。我住过,哦,三个寄养家庭。还是四个?我现在记不得了。我们原本在玛丽斯维尔,之后搬到百乐汇,接着我爸就惹上麻烦。所以我就进到这个寄养家庭,然后又进了另一个寄养家庭,接着是另一个,还被送到儿童之家一阵子。"

"怎么会?"我问。

她又耸耸肩:"体制就是这样运作的。"

"是什么事让你们搬离玛丽斯维尔的?"我问。

"我不知道。我不记得了。"

"你记得在我的班级之后的那一年你曾在仙蒂·马奎尔的班级上课吗?"我问,"你七岁的时候?"

"一点点,"她沉思地停顿了一下,"事实上,我确切记得一件事。我当时坐在一张桌子上,我们正在分配置物箱。我们必须合用,所以我要和坐在我对面那个女孩一起用。我记得她,那个女孩。她是全班最聪明的孩子,你知道,成绩总是最好的一个。我很兴奋,以为自己现在有理由可以和她说话了,而且她一定得和我说话,不过之后我还是有点害怕,因为我知道她并不是很喜欢我。"

"你才是全班最聪明的孩子,席拉。"

"不,我不是。她的成绩最好。我试过,可是成绩最好的是她。"

"不论谁的成绩最好,你才是最聪明的孩子。"

"是啊,我看过你那本书中谈到我的智商。看书当时我想,我的天,那是你编出来的。那不是我。"她回答。

"是你。"

"不是。"

"这段时间以来都没有人告诉你你的智商很高吗?"

席拉摇摇头。

我感到震惊:"你在开玩笑。"

"我的智商并不高,桃莉。我知道我的智商不高。"

"是什么事让你这么说的?"

"嗯,就是因为,我的意思是,我就是我。我知道。我并不聪明,我很笨。"

"你才不笨!"

她没答话,不过我知道我并没有说服她。

"那么,你来举个例子,为什么你认为自己很笨。"

"嗯,例如,在班上,每个人在老师第一次讲解时就懂了,但是我从来都不懂。我听到了老师的讲解,而且以为自己懂了,可是之后就开始碰到问题。我想,这是什么?或是,哦,经常,我会想,好,在这个例子上是对的,但在另一个例子上是对的吗?每次我都会看到它有不对的时候,可是有时候又是对的。后来我了解到有很多东西我根本不了解,可是坐在我旁边的其他人都像疯子一样拼命抄写。他们懂而我却不懂。如果我问问题,老师不久就会说:

'我们现在必须继续进行下去。你已妨碍了我们的进度。'然后我明白我一定是某种超级蠢蛋,因为我只懂一点点。"

她的双颊变红了,因此我知道这件事刺激她情绪的激烈程度。她用双手拨开脸上乱乱的头发,两只手停留在变红的皮肤上:"而那些孩子……只要我想问问题,每个人都会发出呻吟,说:'哦,我的天,别又是她。'或是'你要她闭嘴好不好?'数学课坐在我前面的那个小孩转过来对我说:'可恶,你别再这样了行吗?一次就好了,可以吗?'我当时真想死了算了,觉得好窘。从此数学课我再也没有提过任何问题。"

我们两个人都没说话。那种沉默好尖锐,就像一把小匕首。席拉转过来看着我:"那是因为我是班上年纪最小的一个,我不像他们那样上了那么久的课,那样不公平。"她的声音充满了指控的意味,"他们怎么能期待我懂得和他们一样多?"

"席拉,正因为你是班上年纪最小的一个,所以你懂得比他们多,而不是比他们少。其他孩子不发问,因为他们没办法像你一样那么快举出那么多可能性,他们甚至不知道哪里有问题。"

她咬了一会儿下嘴唇,两眼盯着前面长长直直的路,微微地叹了一口气:"如果我那么聪明,我当时怎么会觉得自己那么蠢?是什么样的天分会让世界颠倒过来,变成少即是多、多即是少?"

经过悠闲的跨州旅途,我们在下午三四点抵达玛丽斯维尔。天气变得好热,暑气使天空变成白色,走到小镇有遮荫的街道上是种解脱。我在大街上一家有游泳池的汽车旅馆里登记住宿,这让席拉相当开心。不过,她并没有泳衣,于是我们走路到购物商场去买泳衣。我上次来到镇上时,那座商场还没有开业,而且席拉也很想去看看那样的地方。因此,我们就在那里逛了一两个小时,直到准备要吃晚餐的时候。我们在商场的美食街吃过晚餐之后才回旅馆。当开车经过熟悉的街道时,怀念过往的心情油然而生,这时我比较想到外面走走,去看看一些老地方,可是席拉很想去游泳,因此那个晚上我们就在游泳中度过。

第二天早上雨下个不停。

"哦,我的天哪,你相信吗?"席拉拉开旅馆窗子的窗帘时吓了一跳,"这是七月?七月从来不下雨的。"

那个特别的七月天真的下雨了,而且从云的样子看来,并没有要停的迹象。"走吧,"我说,"没有关系。我们走。"

席拉想去看看移民营。我想我还记得怎么走,可是却找不到,而且我们很快就迷了路。这个结果让我的情绪有点沮丧,这可不是好的开始。

当我们最后找到移民营时,发现移民营里全是季节性的劳工。有好几种作物都在收成的阶段,因此移民营里的人数大增,不过因为下雨的关系,有些作物没办法采收,许多工人就在不同的建筑物附近漫无目的地闲逛。

移民营本身和我的记忆有相当大的出入,有两座新盖的大型住宅，这两栋住宅是很不错的绿色油漆铝制建筑，让我想起我在蒙大拿时常看到的牲口生产仓库，而且营地里大部分都是这种房子。我记忆最深刻的旧防潮纸建筑都不见了，新建筑也瓦解了营地里原来的马路设计。

我们开车经过住宅四周的旧道路时，我并不知道席拉在想什么。我们接近移民营时，她变得愈来愈沉默。她把脸撇开，看着窗子外面。

这里的气氛和我以前来看安东时不一样。即便是在车子里，我还是觉得两个年轻白人女性单独在这里逛，同时还有很多人盯着，并不安全。因此，我并没有建议下车走走。当我开车离开大门，回到大马路上时，真的感觉松了一口气。这时席拉还是没有开口。

回到镇上时，我慢慢把车开到几条我最熟悉的街道。我指出我以前住的公寓位置。听证会后查德和我带席拉去的那家比萨餐厅已经改成一家酒吧，可是我还是把位置指给她看。我们受邀隔天到查德家野餐和观看烟火，我还提到我希望天气会转好。

当开到一条安静、沿途有树木的市郊街道时，我们找到以前的学校。那是一栋低矮的单层砖头建筑，配上白色门框，和小区农场式住家搭配在一起相当协调。这里并不是个富裕的郊区，可是必然是中产阶级，是那种具体表现五十年代和六十年代美国梦的地区。我任教的地方大部分都是大城市里最不富裕的地区里一些新旧世纪交替的通风旧式建筑，而且我已经忘了这所学校那么小、那么迷人。它和移民营的强烈对比令我印象深刻。

我把车停到路边，关掉引擎："认得这个地方吗？"

席拉微微点点头。

"你看到那边的窗子了吗，左边那三扇？那是我们的教室。"我说。

席拉没有说话。

"你想起任何事了吗？"

"我不知道。"她小声说。

我当然记得。过去的点点滴滴涌入我的脑海里，一幕接着一幕。那里有我要孩子们在那里排队的门，因为我观察到校长很喜欢军队式的严格管理。还有孩子们总是争个不停的跷跷板，以及宽敞的柏油路面，安东和我曾在那里努力教他们躲避球、踢球……

"那间教室里现在还有受特别教育的孩子吗？"席拉问。

"那个地方已经不是教室。他们把它设计成一个辅导中心，"我说，"我想我们可以下车走走，如果你想……"

"不要。"

我发动引擎，之后又停了一会儿，我不确定自己在期待什么。最后我把车子驶到马路上。

在后街上上下下又绕了半个小时之后，我开始想再次去逛逛那家购物商场。雨还是很大，而我的情绪从期盼变成有点不自在，这使我明白，怀念过往一天足够了。

"你想做什么吗?"我问,"我想我看到那座购物商场外有电影院。我们要不要去看看在演什么片子?"

席拉摇摇头,"我们去那座公园,"她说,"学期最后一天你曾去那座公园拍了照片。"

"我们为什么不等雨停了再去呢?或许明天,我们去拜访查德之前。"

"不要,我们现在就去。"

那座公园和我记忆中一样美,宽敞蜿蜒的入口道路沿途都有洋槐和花坛。我把车停在街上,我们慢慢走进花海之中。展示的花相当多,令我着迷。我很喜欢园艺,对这里所种的植物相当好奇,所以沿途都会停下来仔细看那些花。然而,席拉此刻却完全迷失,走起路来像着了魔。

那条小路的尽头就是野鸭池塘。当我们走到小路和环绕池塘的小径交会处时,席拉停了下来,动也不动一下。她皱着眉头,看着鸭子和鹅因为我们的到来而嘎嘎乱叫。它们一一爬出池塘,摇摇摆摆地走过来围着我们,期间席拉连动也没动一下。她只是一直盯着那条通往池塘的小径,脸上没有表情,我想她根本就没看到那些鸭子。

我眼前也出现一些影像。我看到过去,这是我以前从未体验过的强烈感觉。雨消失了,孩子们的声音在空中回响:"看看我,桃莉!看我会做什么!这里的树好大。你看见他们抓到的兔子吗?快来这里,从这里过来,那样我才能告诉你。我可以喂鸭子吗?我可以走到池塘里吗?桃莉,我们滚下山坡好不好?桃莉,你快看我!"

在野鸭池塘周围小径上的是席拉,穿着鲜橘色日光浴装的小席拉,她跑着、跳着、笑着。她张开双臂开始旋转,头往后仰,长长的头发飞扬在太阳的光圈之中。她转了又转,转了又转,完全忘了小径上的其他行人和其他小孩,忘了我们的存在。她双眼闭着对着太阳,嘴唇半开,露出微笑,为满足内心的梦想而跳舞。

她记得吗?我瞄了一眼身旁那个身材瘦长的少女。直觉告诉我,她正在想某件事,我很想知道她的想法,可是我不敢问。

"在这里时我很快乐。"沉默许久之后她小声说。她的声音好轻,以致我听不出她的情绪。最后她转身离开野鸭池塘。我们走过草坪,回到小路上,开始往车子那里走。

那时我们已全身湿透。那是温暖的夏季雨,所以我并不觉得特别不舒服,只是全身湿淋淋的。席拉弯身去捡一个掉在小路上的长长的棕色洋槐豆荚。

"我想到玛丽斯维尔时总是会想到洋槐,"我说,"我记得它们开花时空气里会飘着一股香味。我还记得第一次开车到玛丽斯维尔的经验。我一路从高速公路过来,当来到这座山谷时,我记得车窗是打开的,到达这里之前就可以闻到玛丽斯维尔的味道。它的花开始掉落时,就像雪一样。我记得早上到外面时,我的车上覆满了洋槐的花。"

席拉停下脚步，转身看着通往野鸭池塘的小径，此地已看不到池塘。她停了一会儿，用手指甲剥开洋槐豆荚，拿出种子，让种子掉在湿漉漉的人行道上。"这东西有毒，你知道吗？"她问我，把空的豆荚丢到马路上，"它们会害死你。"

席拉的情绪变得很差。我想挽救这种情况，就建议我们去打几局保龄球，我知道她很喜欢这项运动。不要，她不想去。到 Baskin & Robbins（著名的冰淇淋连锁店）吃个蛋卷冰淇淋？不要。确定吗？我会点一份香蕉剖开，加上一些核桃和鲜奶油的？不要。到书店去看书？不要。她想要的就只是再开车转一转。

镇上差不多逛完时，我试着开到乡间，沿着一条乡村小路往北走。我们很快就来到宽阔的乡间，这里主要是玉米田和小麦田。这个地区很陡，玛丽斯维尔很快就不见踪影，我们眼前所及尽是徐缓起伏的田地。

我试着找话说，可是没有用。席拉坐着，一句话也不说。她的双臂抱在胸前，动也不动地望着乘客座位旁的窗外，而我就像是载着充气娃娃似的，不会有人看得出有什么差别。

雨逐渐变小，最后终于停了，云慢慢开始散开。这时已经是傍晚时分，所以当西边天空开始出现片片蓝天时，太阳斜斜地照在山坡上。

"停车！"席拉大叫。因为这不仅是她一个半小时来第一次开口，本身就够吓人的，同时也因为她突然开口，所以我以为车子就要撞到什么东西，于是猛踩刹车，致使我们两个人的身子都往前倾。这让她对我很快笑了一下，接着她指着东边，"你看那个。"

经过短暂的闪烁时刻，颜色变得好漂亮。马路闪闪发亮、湿湿的黑色柏油上映着太阳的金色小麦。波浪状的谷物后方远处矗立的残存乌云被一道彩虹穿透，彩虹只露出一小部分，还不够形成一道清楚的弧形，可是那一小部分在无尽头的小麦上方闪闪发着光。

"哦，我的天，"席拉注视着这幅景色时低声说，"为什么美丽的事物会让我感到这么悲伤呢？"

糟糕的野餐

> 你的力量好大,桃莉。我好爱好爱你,而你做了什么好事?把我推出那道门,然后离开我。

回到旅馆,吃过晚餐后,我们就到游泳池游泳。雨已经完全停了,形成一个无云的夜,星星在小镇的灯光下虽然朦胧,但依稀可见。

席拉依然情绪抑郁。她的安静有一种沉重、几近沮丧的感觉。她头一次把我经常感觉到的那种压抑的怒气压制在表面下。那个地方什么都没有,只有空虚。

运动让我感觉很好。游泳池的水非常凉,让我不得不奋力地去游,它挡去了所有的东西,只是剩下水冲击到身上的感觉,直到最后我累了、放松了而浮出水面。席拉的泳技不怎么好。我猜从来没有人教过她,只靠多年来的摸索而抓到诀窍,可是她游得和我几乎一样久，之后我们去了温暖的按摩浴池。

回到旅馆房间，她站在镜子前面用毛巾擦干头发。她边擦边看着镜中的自己。

"你喜欢我吗？"她问。

我冲过澡，也换上睡衣，正躺在我的床上看电视节目表。她冷不防地问了我这个问题。"喜欢，我当然喜欢。"我答道。

"我知道我看起来很蠢，"她对着镜中的自己说，"我知道你认为我很蠢。"

"不会。"

"会，"她说，"你会，每个人都会，我也会。"她用手指梳头发，把头发往下顺平，"你知道，我就是不想看起来像自己，这就是我这么做的原因。如果有机会让我可以变成别人，我可以忍受看起来很蠢。"

她一躺到她的床上，我就把灯关掉。时间并不是很晚，才刚过十一点，不过因为游泳，再加上那一天情绪上的折磨，我觉得很疲惫。我准备要睡了，而且几乎立刻就昏昏欲睡。

席拉不停地在床上翻来翻去。房间很暗，所以我只听得见她的声音，看不见她，可是她翻来翻去的声音一直干扰着我。

"桃莉？你睡了吗？"

"没有，还没完全睡着。"

她没说话。

"你想说什么吗?"我问。

她还是没说话,又翻身一次。"改变好多。"她平静地说。

"哪一方面?"

"移民营里,和我记忆里的差别很大。"

我没回答。

"我真的记得它,并没有忘掉一切。"她停了一会儿,"我的记忆就像瑞士奶酪,里面有好大的洞。可是其他的事……我今天看到营地,它还是以往的样子,就像……嗯,就像我从来没离开过一样。我可以记得好清楚。"

接下来她又没话讲了,沉默的时间长到让我又昏昏欲睡了。"你知道我们住在营地时,我晚上都在做什么吗?"席拉问。

"做什么?"

"我爸都会外出喝酒,"她说,"他会把我留下来,几乎每个晚上都会。他会给我,哦,一袋玉米片或某样东西,要我上床睡觉,然后他就出去了。他一走,我就会起来,出去到营地里到处晃。天好暗,哦,已经是晚上,很晚了,我会寻找有灯光的地方。那时我们没有电,只有一盏煤油灯和一支手电筒。我会找这些有灯光的地方,然后往他们的窗子里偷看。随时随地,每个晚上。"

"为什么?是因为孤单,或是灯光的关系?"我问。

"是,我想要灯光,我记得是那样。但大半都只是看看他们的生活是什么样子。很多人和我们差不多,可是我就是想看。"

她停了一会儿。

"我因为这样惹上麻烦。要是我爸逮到我,我就会挨打。"

逮到,这两个字用的是现在式,这是席拉童年时的说话模式。我们以前从未发现她为什么那样说话,而且自从我们重逢开始,她都是使用青少年那种无可挑剔的文法。躺在黑暗中听着这种很久以前的说话和用词方式,真的很怪异。

"我被警察逮过一次。我想,不止一次。大家以为我在偷东西,但我不是。我只是在看。"

"我可以了解,"我轻声说,"那时候你还那么小,而且经常一个人在家,一定很寂寞。"

"是啊。"她的声音平静,像是脱离肉体,穿过黑暗,"没错。"

接下来我们两个人又沉默了很久。那时我已经完全醒了,眼睛瞪着上面躺着。窗帘很厚重,可挡住旅馆的安全灯,但偶尔汽车转进停车场时会透出一丝亮光,使得灰泥天花板突然变得明显。

"我可以跟你说小时候发生的事吗?"她问。

"这里?你小时候?"

"是啊。我们住在移民营的时候,我在你班级的时候。"

"可以,当然可以。"我说。

"我在地板上有张床垫,那是我睡觉的地方。我爸则睡在沙发上,不过他会到外面喝酒,而且回家时通常都有人跟他回来。通常是女人。他们会在沙发上做那件事。"

"是啊，我记得你告诉过我一次，"我说。

"可是有时候……"她没继续讲下去。

我专心听着黑暗中的声音。她的呼吸很浅，她在隔壁床上的呼吸声清晰可闻。

"嗯，他嗑药。那件事你也知道，对不对？"她问。

"对。"

"大半是海洛因，是那些家伙帮他弄到的。他们两个人，有时候他们会和他一起回来。有时候是其中一个，有时候两个人都来，可是他一直都没有足够的钱付给他们。我记得我躺在那里听他哀求他们，求他们给他那个东西，告诉他们他要怎么弄到钱还他们。有时候他还会哭，我记得我曾听过他哭。"

我看着在黑暗中闪着的图案，还有越过天花板的汽车黄色大灯。

"嗯，跟父亲一起来的那个男人，他经常能给我爸便宜货，如果……他喜欢我和他躺在一起……他并没有对我做那件事或其他事，只是他喜欢小女孩，喜欢摸遍她们全身。而且，如果我吸他那个东西，我爸就可以便宜买到他的货。"

我的血像冰一样冻住了："为什么以前你没告诉我？"

"当你才六岁，你要怎么说那件事？再说，那是我的生活，我习惯了。"

席拉睡着之后，我躺在那里好久都睡不着。我想起以前的事，那段时间的往事一件又一件回到我的脑海里。她那时的处境那么糟糕，那么穷苦，那么受人忽略，做任何事都和她的意愿相违，做任何事都摆脱不了伤害。我当时就已经知道，而且也一次一件小事地帮她解决。我自认为已经将她从最悲惨的状态中解救出来。现在知道她在我班级时仍然受着苦让我很难过，而我从未察觉她的真实状况令我更加难受。我一再思考自己当时应该再做些什么。

第二天早上，席拉已经恢复她平常那个颇为不寻常的自我。她花了好久的时间在浴室里弄她的头发，但是结果并没有比她刚起床时要整齐多少，而她那身打扮，一件可爱的小衣服搭配膝盖以下剪掉的破烂牛仔裤，还有一件闪闪发亮的绿色上衣——那比较适合在拉斯维加斯的夜总会歌舞表演上穿——得亲眼见了才会相信。

那天是七月四日，我们的行程包括和查德还有他的家人一起野餐，我很期待。查德和我已经从男女朋友转变为柏拉图式的关系，而且最近这几年，我们的关系已升华为真正的友谊。我们现在经常联络，会互相写信打气，还会讲很久的电话，但我从未见过他的妻子，也没有看过他那三个小女儿。这次带着席拉一起过来，是期望有一个愉快的重逢。

我们三点时开车到查德家。他的家位于小镇最外围一条安静、没有铺设柏油的小路上，房子好漂亮，又新又大，还有一座可停三辆车的车库和一座网球场。当我看到那栋房子，知道它本来有可能是我的时，我必须坦承我心里升起一阵懊悔的难过，或许是嫉妒。并不是我特别喜欢那种房子或是想要那种生活方式，况且我根本不打网球,但要装成对他的成功视而不见是不可能的。

"哇。"我们把车开进车道时席拉小声说,而且光那个字就涵盖了所有的意思。

我们还没下车,查德就出现在门口,把门开得大大的:"欢迎!"他说,孩子们冲出来围在他身边。

他的妻子莉萨出现在他身边。因为拉丁血统的关系,她有一双又黑又亮的漂亮眼睛。她也是位律师,而且我早已听说她是法庭杀手,然而现在出现在眼前的她却和我原先想象的大不相同。她的长相甜美,个头娇小,颇像神话故事中的女主角。

"这个,"查德边说边把一个小女孩拉到他前面,"这个就是我的席拉。"

他的席拉和我的席拉互相注视着对方。查德的女儿像她的母亲,漂亮中带点稚气。她的头发是黑色且带自然卷,蓬松的长卷发垂在肩上。她身上的绿色品牌上衣,衬托出她发色的丰厚。

"席拉今年五岁,"查德说,爱怜地把她抱在他侧边。她面带微笑,抬头看着他,"而这几个……女孩们,过来,站好。这个是碧姬,四岁。还有这个是梅姬。梅姬,你几岁?"

梅姬努力举起两根手指头。

"答对了,聪明的女孩!梅姬上周六刚刚过完生日。"

碧姬和梅姬就和她们的姐姐一样有深色的卷发和带着笑意的眼睛,都穿着实用但昂贵的衣服,相当吸引人。三个小女生很友善,很开朗，轻松自在地和席拉及我闲谈，还邀请我们到后院看野餐桌和那一箱烟火。

我们在房子后面发现有一座很大的红木露台，精巧地摆放着包括靠近阳台门的一座沙盒，以及远处的一座大型木头秋千组和攀爬架，另一边还有大型造景花园，花园最外围有一道篱笆可俯视开阔的田野。

"快来看我们的马，"查德的席拉开心地说，她跑在我们前面的草地上，"席拉，你想不想骑马？你想不想骑我的马？我带你去。"

"谢谢你，"席拉回答，声音带点犹豫，"谢谢你，可是不是现在，可以吗？或许晚一点。"

"那么，我们去看它们。妈？妈咪，给我们一些苹果。"她跑回红木露台那里。她拉起席拉的手，"走吧，我们去拿一些苹果再过去。我想带你去看。"

查德和我坐在露台上的椅子里，看着那两个女孩走下通往远处篱笆的草坪。

"有些事是我以为我永远不会看到的。"他若有所思地说。

"是啊。"

我们停了好久都没说话，"她变了，对不对？"他说。

我不是很清楚该怎么回答。那也是我的第一印象，但我渐渐了解到，没有，席拉事实上没变多少。

"我的意思是，那头发，"我没答话时他又接着说，"还有那身衣服！她会把那些马给吓坏的。"他大笑："我想应该只是青春期的关系，但我不得不承认，我并没有想到她会这样。她向来都像个务实的小东西。"

"那段时间她并没有太多选择。"

"她过得怎么样？"查德问。

我坐在折叠椅上，看着她和小席拉拿苹果喂那两匹马。"我不知道，"我回答，"我还没有弄得很清楚。"

我一开始就感觉到有问题。席拉几乎从一开始就不想参与大家的活动。几个小女孩试着鼓励她参加各种活动，从骑马到烤热狗，但席拉大半都拒绝她们的邀请。起初，她并没有不高兴，只是表现得很冷淡。然而，到了下午接近晚上时，她渐渐远离大家。长时间在院子周围晃，或是无精打采地坐在一个秋千上荡着。

我觉得自己对她有责任，于是试着去掩饰她的行为，尤其是对莉萨，她自己走出去试着拉拢席拉。我认为，如果莉萨不管她，让她按自己的步调来加入大家，或许效果会比较好，可是这似乎和莉萨本来对待孩子的方式相抵触。一开始就看得出来，莉萨是个行动派和交游广阔的人。她希望看到梅姬、碧姬和席拉获得足够的刺激并且适应社会，于是为女儿排满了课程和校外活动，以致她们可能得维护自己的备忘录。同样地，这场野餐是经过精心计划的，目的是要带给大家一段美好的时光。席拉拒绝加入就表示她并没有享受美好的时光,而这一点让莉萨困扰不已。

席拉是故意造成这种情况的。她看得出来她可以轻易激怒莉萨,到了晚上,她开始全心致力于此。她的厌烦愈加明显。当小女孩们靠近她时,便激怒了她,使她邪恶地皱着眉头看她们,最糟的是,她转身背对着烟火。查德点燃一根烟火,烟火就往上蹿。咻!砰!然后所有人都发出赞叹,但是与此同时,席拉却无聊地靠着露台栏杆,盯着阳台门内查德家的餐桌看。

接着,轮到我也陷进去。受到席拉粗鲁行为的羞辱,我最先是试着编造借口,接着就把她拉到浴室,私下要她说几句话。但她没有要谈的意思,一点也没有。

"你为什么那么生气?"我压低声音说。

"生气的人是你。"她用一种合情合理的语气回答。

"我们重聚的这段讨厌的时间里,你一直都在生我的气。你表现得就像一切都是我的错。"

"嗯,不是吗?"她回答。

我不知道在查德家最后那一个小时我们是怎么度过的。我在生气。就我个人而言,那个晚上完全被毁了。那是我第一次见到查德的妻子和他的女儿们,也是我多年来第一次和查德见面,而这件愉快的事最后竟然演变成这个样子。我很想把席拉丢在最近的巴士站,帮她买一张回百乐汇的单程车票。

回旅馆那十分钟的车程静得可怕。席拉暗自窃喜,至少我是那么想的。把我们弄得满身大汗，她却显得气定神闲，甚至还有点占上风。我清楚地感觉到她认为自己占了上风。我愈来愈生气。

"今天晚上真是糟透了。"我们在旅馆下车时我生气地说。摸索出钥匙后，我打开房门。

"你真是个控制狂，你知道吗？"席拉说，"我的天，你什么都要管。"

"我没有。"

"你以为你拥有我的人生，你认为你创造了我，你认为我只是你书中的一个角色。"

"我没有！"我反驳。

"你有。我并没有说我今天晚上想到那里去。安排去那里的人是你，而且你并没有问我的意见。我为什么想到那里去？我甚至不认识那些人。"

"你认识。看在老天爷的份儿上，那是查德。"

席拉傲慢地耸耸肩："我不认识他。据我所知，在那里的可能是任何人和他愚蠢的孩子。"

"那是查德，是他让你不用被送进州立医院的，是没有人帮你辩护时为你辩护的人。他所做的……"

她的手臂用力往下一挥，就像一把剑一样，打断了我的话。"那我就应该要感激，对不对？"她提高音调，"那就是你想要的。我就应该要他妈的感激你们这些人为我所做的事。就是这样，对不对？那就是你想要的。"

"不是。"

"就是。别再愚弄我了，桃莉。那就是你想要的，让你变成一个好人。那就是你回来的唯一理由。"

"不是！"我大叫。

看着她的脸，我知道她就像一头被放出来的野兽。她的脸从粉红色变成红色，又变成深红色，太阳穴的血管突起。她的眼睛张得大大的，一脸狰狞相。我心里的警钟响起，提醒我要注意自身的安全。

"你认为你让我的人生变得更好了，对不对？"她大叫，她的话一个字比一个字要大声，"你认为你让事情安定下来了？才不是。你让事情变得更糟糕，比之前更糟一百万倍！"

"停，停，停！"我说。

"不！"她激动地大叫，"需要停下来的是你。你是个不能停止管闲事的人。你别再管我的人生了！"

我注视着她。

"你陷害了我，桃莉。你带我进到那间教室，让我玩那些玩具、看那些书，让我觉得好像很富有，然后你做了什么？你留下来了吗？你在一旦拥有我之后照顾我了吗？"她的嘴唇往下瘪，我以为她就要哭了，接着她颤抖地吸了一大口气，"你陷害了我，你一直都知道你要离开的。"

"我不是故意……"我开始要解释。

"你是！你对我做的每一件事都是故意的，桃莉。在那之前，我从来不知道自己的人生有多糟，后来你来了，突然间世界变得不一样了。你是故意那么做的。你控制所有的事，让毫无价值的我改变了，让我以为自己像花朵一样香。"

"席拉……"

"你让我以为你爱我。"

"我是爱你，席拉，现在还是。"

"哦，狗屎，别跟我说那种话。你怎么可以这样？你离开了我。"

"席拉……"

"你的力量好大，桃莉。我好爱好爱你，而你做了什么好事？把我推出那道门，然后离开我。"

"席拉，拜托。"

"可是你再也不能这么做！"她大叫，在我搞清楚发生什么事之前，她就打开旅馆的门，跑掉了。

席拉的道歉

我瞄了一眼她那头黄色头发和那一身可笑的服装，耗尽力气地瘫软下来。我的天，多艰辛的十四岁啊！

我站在那里，吓呆了，过了一会儿才跑到门边去看她去了哪里。短短的时间里，她已消失在黑夜中。

"席拉？席拉，你在哪里？"我大叫。

下面有人打开门："你可以小声一点吗？"有人大叫。

我好害怕，关上旅馆的房门，走回房里。现在要怎么办？我看看房间四周，她那少得可怜的东西散在她的床上。我该怎么办？她会自己回来吗？我该去找她吗？还是干脆就别管她了？我因无助而觉得全身瘫软。

我坐在床上，试着拉回思绪。她可能上哪里去呢？我第一个想到的是移民营，但一定不是。她一定不会那么神志不清地一个人在半夜跑到那里去。可是为什么呢？这里有她认识的人吗？我很怀疑。她从没表示还和玛丽斯维尔的人有联络。

那还有什么地方呢？我能想到的都是我们一起去过的地方，但以目前的情况来看，我想不出她会到哪一个地方去。最有可能的是，她会往镇中心去，我这样猜测只是因为许多青少年苦恼时都会去购物区。时间那么晚了，显然很少商店还在营业，尤其是在一个像玛丽斯维尔这样的小区，可是那天是国庆节晚上，我很担心，于是拿起汽车钥匙，外出去找席拉。

我开着车到处转，转到最后，街道又变得熟悉起来。玛丽斯维尔的深夜很安静。有几辆车在大街上转弯，除此之外，有时候开了好几条街，甚至好几里路，路上都只有我一辆车。

我到镇中心找了三四次，都没有看到她的影子。我从镇中心顺着通往购物商场四周购物区的大马路走，还上了高速公路，整座小镇都绕遍了，最后来到移民营。

那里和玛丽斯维尔其他地方不一样，人们没有睡，到处走动。某些地方真的很热闹，使我怀疑，并不是所有的居民白天都很努力工作，就像我以前想的。在比较靠近里面的一个地方躺了许多嗑药或是酗酒的男人，而且我发现自己很不安。由于不愿意摇下车窗，我并没有停车询问他们是否看到过像席拉这样的女孩。

那天清晨开车在玛丽斯维尔转来转去的几个小时，将我对这个小镇所有美好的回忆一扫而空。到最后我变得很讨厌它，只想把车开上高速公路，开往家里。然而，对席拉的担心让我不停地在半夜开着车到处转。

过了好久，大约清晨两点，我终于看到了席拉。她在小镇一个意想不到的地方，沿着离我们旧学校不远的一处住宅区外一条较大的干道走着。我想抄近路到镇中心另一边去找找看，所以刚好开到那条路。我把车子停到路边，摇下车窗。

"听着，我很抱歉。我们可以回旅馆把事情谈清楚吗？"

在昏暗的街灯下，她的眼睛又黑又大，使她的样子看起来好狂野，像动物一样。我感觉到她很害怕，而且不像可预料的。

"我很抱歉，"我用最忏悔的语气说，"来吧，拜托？和我一起回去。"

她摇摇头："不要。走开，我不需要你。"

"拜托好吗？"

她注视着我。

"嗯，听着，如果你不想回旅馆，那么我们去吃个汉堡或什么的。好吗？"

席拉犹疑着，我趁机继续说下去。

"我们可以到蓝尼餐厅，他们整晚都营业。好啦，拜托？"

她打开乘客座位的门，上了车，这使我松了一口气。事实上，她几乎是倒下去的，这显示她非常疲倦。我瞄了一眼她那头黄色头发和那一身可笑的服装，耗尽力气地瘫软下来。我的天，多艰辛的十四岁啊!

一进到餐厅,席拉就吞下一大盘食物,而我则喝了一杯咖啡,吃了一块不新鲜的甜甜圈,可是她一直都没说话。我没给她压力。我们两个人都太累了,没办法再承受那种事。

吃过东西后,她无异议地和我回到旅馆。一回到房间,她就坐在自己的床上,开始脱掉她那双厚重的工作靴。"我不留下来了,"她平静地说,"明天我就要离开这里。"

"是啊,我想我也准备要离开了。"

"不是的,桃莉。我的意思不是那样,"她抬起头说,"我不和你一起走,我不要和你一起坐在一辆车子里四个小时。我要自己回家。"

我注视着她。

"而且你阻止不了我。"看我没说话,她接着又说。

"不,我不会阻止你。如果你希望那样,我明天会送你到巴士站,然后帮你买一张票。你可以搭第一班车离开。"

"我会自己买票。"她说。

"不,席拉,我很乐意帮你买票,你把钱省下来。"

"不要,我说,我会自己买票,桃莉。你并不拥有我,所以别试着那么做。"

我疲惫地点点头:"很好,就这么办。"

关灯上床后,我睁着眼睛躺在床上。到底哪里不对劲?昨晚究竟发生了什么事，我们似乎曾经那么亲近，而今夜却又觉得那么陌生。席拉好像知道我在想什么，于是开口说话。

"你离开了我。你不知道那样伤得我有多深吗？"她的声音好轻，即使在寂静的夜晚也几乎快听不见。

"我并不想那么做，席拉。"

"那你为什么要那么做呢？"

"因为事情就是那样。我是老师，学期在六月结束时，我的任期也就到了，对于这一点，我也没有办法。"

"那样是不对的，你所做的事，"她的声音好轻，之后她停了好一会儿，"你弃我于不顾。"

"我很抱歉，真的很抱歉。"

"不仅仅如此。你走时带走了一切，太阳、月亮、星星，一切的一切。你有什么权利把一切给了我之后又全都把它拿走？"

七月四日假期过后再度开课的那个周一，席拉并没有回到学校。自从我送她上玛丽斯维尔的巴士后，我就没有再见过她，也没有她的消息。虽然我想打电话，至少在知道她已经安全回到家之后自己可以安心，不过直觉告诉我，我必须躲开。

杰夫察觉到我的心情，要我午餐之后回到我们的办公室。"好了，究竟是怎么回事？"他问，"那只长臂猩猩躲到哪里去了？"

我把我们到玛丽斯维尔时发生的事大概描述了一遍。

"喔呜,"他回答,好像碰到伤口似的。他沉默了一会儿,把一本摊在他桌上的医疗日记收起来,然后看着我,"我看出她是怎么回事了。她先前已经被一位母亲遗弃,然后你来了,给了她渴望的关心和照顾,之后你又消失了,六岁的她很难分辨你的行为和她母亲有什么不同。"

"是啊,我知道,可这真的不一样。我是她的老师。"

"好,你是她的老师,"他说,"但是海顿,你教的是什么科目?数学?阅读?还是爱?自信?自尊?"

"当时我该拿她怎么办?"我问,"不去管她吗?看着这个非凡的孩子待在那个非凡的环境里,然后什么都不管吗?"

杰夫靠着他的桌子,噘起嘴唇。

"你是说我不应该那么做吗?"我问。

"你说呢?"

我把头别开,叹了一口气:"事实上那是个没有意义的问题。我无法回到过去,也无法改变任何事。真正的问题是:我现在要怎么办?"

杰夫用他的拇指指甲平衡一根回形针,瞄准,然后把它弹进他桌上的笔筒里:"你就做我们这一行都会做的事——祈求到最后你的帮助胜过伤害。"

席拉那一整个星期都缺席,接下来那个周一也没出现。周一下午,我在诊所办公室时,关着的门响起一声轻轻的敲门声。

"哪一位？请进。"

席拉轻轻推开门："我可以跟你谈谈吗？"

我点点头。

"杰夫在吗？我想私下谈，不希望他在我们谈到一半时进来，"她说。

"不会的，他不会在我们谈到一半时进来。他到医院那边去了，晚上才会回来。"我回答。

席拉关上门，走到杰夫的桌子那里，把椅子拉出来坐下。她看看四周："这就是你的办公室？"

"是啊。"我原本正在标示卷宗，现在又回头把它完成。

她研究着杰夫的布告板："你们这些人都是一个样子。你看，你的垃圾就整理得和他的垃圾一样。你们甚至还有完全相同的粉红豹一类的东西，上面写着：'这里就是杰夫享受人生的地方。''这里就是桃莉享受人生的地方。'你们从哪里弄到这些东西的？"

"是杰夫弄来的。"我回答。

"你爱他吗？"席拉问，她懒洋洋地在椅子上前前后后摇着。

"我喜欢他，非常喜欢。可是如果你指的是爱情，那可没有。我有别人了。"

"哦？什么人？我没见过你和任何人在一起过？"

我望向她："你大老远从百乐汇过来找我，恐怕不是来谈我的爱情生活吧。"

"是的，嗯，我只是想引起你的注意，"她说，"自从我走进来开始，你几乎没有抬头看我一眼。你一直埋头在你正在写的那堆蠢东西里。"

我合上卷宗，把它放在篮子里，然后把椅子转个方向面对她："我现在是专心和你说话了。"

"啊，看！你把我的诗放在那上面。你从未告诉过我你把我的诗放在墙上。"

"那时我并没有你的消息，"我说，"我没有你的地址。"

"是啊，我写那个的时候是住在儿童之家。"

当她懒懒地转着椅子时，她的语调活泼轻快，态度轻松，不会有人看出来我们之间曾发生过一些事。她从百乐汇乘车到这里得花上四十五分钟，再加上从最近的巴士站走过来的十来分钟，这一趟旅程可不轻松，然而席拉一句话也没抱怨。

"有什么我帮得上忙的地方？"我问。

"嗯，现在快五点了，我想你或许会想和我出去吃意大利餐或其他什么，不一定要是比萨。我们可以去吃意大利面，或是别的东西，如果你想的话。"

我笑了。

"或是你可以带我去你家。我从未去过你家。我在想，如果我们先到超市停一下，我可以买点东西，然后帮你做晚餐。鲔鱼罐头和一罐蘑菇汤我就可以做出很棒的东西。"

"我很想,"我说,"可惜的是,我今天晚上已经有别的计划了。"

她的脸垮了下来:"是和那个人吗?"

我点点头。

好久我们都没有说话。

"我很抱歉,"我说,"我真的很想,只是我没有及时知道。或许我们可以安排其他时间。"

她的头低下来,黄色的头发垂到前面,挡住她的五官。她重重地叹了一口气。"我是想跟你道歉,"她小声说,然后停了一会儿,"而且我想到你家里去。"

20

为亚雷赫争辩

> 他没有得那种病,他完全正常。他只是不跟你们说话,他跟我说话时就没有问题。

周二早上,席拉回来加入我们。就像前一天下午来找我时一样,她表现得好像什么事都没有发生过,也没有缺席过。我威胁杰夫不可以提起那件事。米丽安客气地问起那件事,席拉爽快地撒了一个谎,说她身体不舒服。

亚雷赫很高兴看到席拉。她一进门,他那张小脸蛋就亮了起来,跑过去,张开双臂,给她一个热情的拥抱。这让我们大家都很吃惊,因为几个星期以来,亚雷赫一直都很冷漠,情绪反复无常。不过最惊讶的莫过于席拉了。当亚雷赫那么急切地抱住她时,她的脸上先是出现惊慌的表情,但之后她露出微笑,弯下身来抱着他。

席拉和亚雷赫一样,整个暑期课程里都封闭着自己,现在这个情境对她来说显然不是特别自然。她不像有些少女天生就对小孩子和蔼可亲，而且当她发现有更棘手的情况出现时就会感到不安。因为，我猜，那些情况她太熟悉了。杰夫和我讨论过这件事，认为最好让她继续待到课程结束，因为离课程结束的时间也没多久了，可是我们也同意，期待席拉的协助可能是不切实际的。

她好像很高兴回来和我们在一起。她的情绪即使不是非常稳定，也表现得很正面。在这之前，在这么多孩子当中，她只有对亚雷赫是用轻松和自然的方式响应，对戴维则是偶尔为之。她尤其回避女孩子，这一点很可惜，因为我们本来可以为凯蕾、塔玛拉和紫兰树立一个好榜样的。然而，今天早上，她对几个孩子都很热诚、很宽容，连对紫兰也一样。

这个夏天全部课程中，紫兰对席拉的态度只能用迷恋来形容。她一直努力要引起席拉的注意，她坐在她附近、牵她的手，却始终徒劳无功。紫兰是个块头大、长相平凡、固执得令人讨厌的女孩，即使是在最好的情况下，别人也不是很轻易就接受她。席拉发现她有强迫性热情时感到很生气，而且紫兰不断的尝试更让她觉得讨厌。我试着跟席拉解释，在紫兰那个年纪，那种迷恋相当平常，并不代表什么，可是对自己性别都不是很自在的席拉还是对这些讨好的举动相当反感。然而，今天早上，席拉很有耐心地听着紫兰拉拉杂杂的讲话内容，虽然不允许紫兰碰她，但点心时间时她让紫兰坐在她旁边。

点心时间之后,我们带孩子们到对街的公园去,席拉还是很主动和他们玩,推凯蕾荡秋千,把戴维和米奇推上攀爬架最高的地方。

我明白这是怎么回事。就像天鹅一样,在水面上表现得那么优雅,在水中却拼了老命划水。席拉那么积极,无非是希望我们之前发生过的事能就此消失,或者至少不再那么明显。那个早上看着她,我一直在思考这个行为模式对她的代价是多少。

我觉得必须面对这件事,而不是让她把这件事埋起来。于是在开车送她到方登大道途中,我问了她。

"或许我们该好好谈谈。"我把车子开离学校时说。

"哦?谈什么?"

"谈我们的事,谈有关七月四日那个周末的事。我们之间显然存在某些很强烈的感觉,而我认为我们最好把它清理清理。"

席拉耸耸肩,好像我讲的事她完全不知情。

"我觉得你认为我在你小时候遗弃了你。"

"我从未那样说。"

"我听到你说你觉得多么生气,觉得我陷害了你,认为我似乎不在乎,因为我离开了你。"

"没有关系。我现在不生气了。"她回答。

"席拉,这些事需要面对。如果你有那么强烈的感觉,它们不会因为你假装看不见,就真的消失。"

她耸耸肩:"我不知道。我生命里的一切迟早都会消失的,那它们为什么不会呢?"

"席拉!"

"好啦,好啦,我是很不高兴,"她疲惫地说,"那又怎么样?大家都会不高兴。我现在没事了,所以我们就别去管那件事了。"

我没回话。

她望向我,露出逗趣的微笑:"你希望我说我很抱歉,对吗?我好蠢,我不是故意的。"

"你生我的气并没有关系,"我说,"我不介意,但我们要坦白面对它。"

"不是,我没有生气。只是很蠢,仅此而已。我就是那样,所以我们就忘了那件事吧,就像那件事没发生过一样继续下去。"

"可是它真的发生过。"

"如果我说它没发生过,那就没有,"她望向我,"如果你相信事情存在,它们就存在。那是真的,我看过书上那样写。而且那是真的,因为我知道。"

"那么,你是说,如果你不相信我们曾经吵过架,我们就没有吵过架?"我问。

"唯有事情存在才会困扰你,唯有你让它们存在,它们才会存在。"

接下来我们两个人都没说话。我突然被拉回到几年前在学校一个暗暗的藏书室里，就在席拉在另一位老师的教室里闯了大祸之后，我和她一起退避到那个地方。那位老师把她交给校长，校长打了她一顿，当时那所学校是可以施行体罚的。

我很苦恼自己控制不了当时的情况，苦恼一个在家受到身体虐待的孩子在学校又挨了打，于是我和她一起退避到我唯一可以找到的隐秘地方，试着将事情理出一个头绪。然而，席拉似乎很冷静地接受了那整件事。事实上，她很骄傲地表示，校长打她时，她都没有哭。

"你没有感觉吗？"我惊讶地问。她当时六岁，而我是二十四岁，我可有感觉。

"没有人可以伤害我，"她不带感情地说，"如果我不哭，他们就不知道我受伤。所以，他们也伤不了我。"

七年之后的今天，我了解到，席拉依然运用那套理论。

我们的暑期班只剩下整整两个星期，杰夫和我都相当高兴看到这个班的成果。当然，我们曾有过冲突，而且有许多事下次我们会以不同的方式来处理，但大体上来说，过程还算挺顺利的。

这种课程给病患带来的明显好处是，有机会在一个如此自然的环境里和他们互动。有些孩子，包括凯蕾和米奇，对团体环境与合作环境的反应不错，可以很顺利地把他们的问题放在一边。

那样的环境对诊断也有好处。有些孩子已经接受治疗一段时间了，并没有什么显著的进步。与诊所里的环境和诊所的精神治疗时段比起来，一天三个小时、每周五天和他们在如此变化多端的环境里相处，让杰夫和我能更加精准地评估他们的问题。

塔玛拉就是个好例子。她六岁时在家庭医生的介绍下，转诊到我们诊所。她的家庭医生曾帮她治疗上臂的伤口，但尽管他尽了所有的努力，她的伤口还是没有痊愈。他怀疑是塔玛拉自己不让伤口痊愈的，这一点很快获得确认。

塔玛拉最初是由诊所另一位精神科医生诊治，但经过十八个月的治疗，被转交由杰夫负责，期望男性治疗师能让她进步快一点。杰夫每周和她进行一次游戏治疗，经过十个月，还是无法更进一步帮助塔玛拉控制她的破坏欲。

而就我们的暑期班来说，塔玛拉是个复杂、相当不快乐的小女孩，和所有的人都沟通困难。或许塔玛拉的行为里有一种沮丧的元素，就像她那份内容丰富的档案所写的，可这是感觉到没人喜欢你的一种自然反应。由于无法透过更为传统的方式得到她所需要的关注，塔玛拉因此发现受伤会得到许多注意。在暑期课程期间，我们好几次看到当事情没有顺她的意时，她就会让自己流血。杰夫观察到这一点，现在正和塔玛拉一起努力，协助她改善她的人际关系技巧，而且他觉得治疗终于有了进展。

另一位需要诊断的是亚雷赫。可惜的是，他的结果并不像塔玛拉的个案一样令人高兴。杰夫和我不得不承认，与其说他大部分的问题来自于精神创伤，倒不如说是低智商引起的，最有可能的情况是源自于脑部伤害。毫无疑问，他小时候精神受创那几年的确对他有影响，这一点从他对周遭事物时而鲁莽、时而粗暴的反应上可以看出来。然而，他还有许多更为激烈的行为，却只是一个小男孩在心理上无法应付学校和家庭一般要求时会有的表现，这种现象在每日活动的变化时尤其明显，而杰夫和我正准备和他的父母讨论这件事。

要把这件事告诉席拉，比告诉亚雷赫的父母亲还要让我害怕。在所有的孩子当中，唯独亚雷赫对她最为特别。自从暑期班开课以来，他们之间就有一种自然的亲密关系，而且我们也鼓励这种关系的存在。现在我很后悔让她那么投入，因为我知道席拉将无法接受亚雷赫最后的诊断结果。

不幸的是，我没有机会亲自告诉席拉。有一次，课程结束后在整理教室时，她无意间听到杰夫跟我说的话。

"你是什么意思，他智商低？你的意思是他是低能儿吗？"席拉走到我们站的地方问。

"杰夫上周做了正式的检查。"我回答。

"上周？我不在的时候？你们就是等到我不在的时候，是不是？"她说。

杰夫转身离开，他不愿意和她吵。

"他的智商并不低，他完全正常。"她说。

带着几盒粉蜡笔和签字笔回到我们这里的米丽安说："他还是

个可爱的孩子。"

"他不是低能儿。他不说话并不是因为这个原因。你们以为他不说话是这个原因，对不对？可是并不是那样，他会跟我说话。"

"他也会跟我们说话，席拉，"我说，"可是他说的并不多，而原因就是他脑子里某个部分该起作用的地方并没有什么作用，那叫作失语症。"

"我不在乎那叫什么，"她突然说，"他没有得那种病，他完全正常。他只是不跟你们说话，他跟我说话时就没有问题。他讲西班牙文，你们都不和他讲同样的语言，你们怎么能期待他把事情告诉你们？"

杰夫拍拍我的肩膀："海顿，不值得为这件事吵架。"他小声说。

"是啊，当然，你会那么说，"席拉对他说，"是因为被人叫蠢的又不是你。"席拉丢下她正在擦桌子的抹布，跑了出去。

"你不能让那件事发生在亚雷赫身上。"之后席拉在我的车上说。她声音里的怒气已经消失了，取而代之的是迫切的担忧。

"不是的，那是个相当麻烦的状况。"

"可是你知道他们就要那么做了，对不对？"她说，"把他送回哥伦比亚。"

"我们并不确定。他父母亲讨论过许多不同的替代方案，那只是其中一个。"

"你一定不能让那种事发生。"

这时我们两个都没说话，我专心将车开上高速公路。

"你并不希望那样，对不对？"她问。

"不希望，我当然不希望。"

"所以，桃莉……"

"那选择并不在我，孩子。他是个可爱的孩子，可是他的脑子受损了，导致他的智能受限，情绪受困扰，那是很难应付的问题。我可以鼓励他父母亲留下他，而且我一定会这么做，杰夫和我都会，可是我们不能强迫他们。"

"但是，如果他们想把他送回哥伦比亚，要怎么办？"她大叫，"要是他们又把他丢回孤儿院，要怎么办？"

"席拉，这种情况不是我能控制的。事实上，他甚至不是我的病人，也不是杰夫的。所以，就技术上来讲，我们没办法控制。我非常希望他们不要把他送回去，那样会伤害到他，而且我认为那么做就道德上来讲也是不对的，可是我不能要他们做他们不想做的事，也无法阻止。他们是亚雷赫合法的父母亲。"

席拉气急败坏地说："你看看他的遭遇！有人在某个垃圾桶里发现他还活着，把他带来这里，然后给他好的玩具，给他食物、电视还有所有的东西。而现在他们要做什么？把他放回垃圾桶里，而你竟然坐视不管？"

"我们并不准备'坐视不管',"我说,"我们正试着不要让那种事发生。我们正试着协助亚雷赫改变他的行为。我们会试着帮他父母亲找出一个可接受的替代方法。"

"如果你没有成功,要怎么办?"席拉问。

"我会觉得相当难过。"

"就那样?你会觉得难过。"

"我所能做的就是那样。"我说。

席拉两手抱在胸前,把脸别开,不再看我。"你是混蛋。"她低声说着,"你和你们那类人一样,真是他妈的混蛋。"

21

意外访客

> 我并不想让她觉得她不受欢迎，可是她的到来完全出乎意料，这让我一时之间不知所措。

那年夏天，我的私人生活也一直在变。我的感情一向专一，而且可以持续好几年，不过，当时的我正"介于男人之间"，这是我一位女性亲密友人对我的简洁形容词。事实上，这种情况已经持续了好几个月，让我觉得好烦。

对我来说，工作和个人生活同时进行往往会很辛苦。虽然过去几年我成熟不少，但当我积极投入教学时，就没剩多少时间可以从事其他活动，不过我还是十分热爱我的工作。周日的时候，我还是会期待周一的到来，而且我发现自己根本不可能完全不去想正在辅导的那些孩子。我并不是一直想着他们，但他们就在那里，就在我心里。我知道，我这个样子导致自己变得很不好相处，需要一位稳定、宽容的男人才能应付。但是世界上这种男人似乎很少。

让事情更为复杂的是，我比较喜欢非同行的男人。这使我免于一天二十四小时都在讨论职业上的事，因为我会和同事讨论，进而避免了竞争行为。我很喜欢竞争，这一点在我和孩子们相处时十分有利，它让我即使面对了完全不利的条件，还是会下定决心要赢；然而，这一点对于私人感情却是致命的。我也很享受这种把两种生活分开的轻微精神分裂状态，因为它可以让我尽情发展兴趣和才华，如果不是，可能就会相互抵触。

最新的竞争者是亚伦。几年前市中心被重新开发，许多旧建筑从朽化中被拯救出来，现在已发展成一个相当不错的购物区。亚伦在这个地区的一条小巷道里拥有一间小书店。

我第一次见到他时正在找一本关于希腊戏剧的艰涩读物。基于好奇，他邀我进入后面的房间，向我展示他的经典收藏，这是我所听过比较好的"引诱"说辞之一。之后我们在一些与我经常光顾的有油腻汤匙的餐厅有天壤之别的地方共进了几次相当美好的晚餐。

总而言之，亚伦是个有教养的人。他喜欢歌剧，讨论起文学小说相当热情。他不仅看过那些小说，而且真正喜欢那些小说，此外，他还很懂得挑选相当不错的红酒。他的公寓是栋老旧的小镇房子，离市中心不远，里面整齐地摆放着印第安地毯和古董家具。他的桌上甚至还铺了桌布，这在我这种桌面上乱七八糟、很难找到一点空位的人看来，那即是真正高尚的意思。

我从一开始就知道亚伦和我不是知心伴侣,就像查德和我以前那样。亚伦过分讲究,这一点让我焦虑不安。而我的随心所欲,或是就像他所说的"不平衡",也让他很不安。可是这段感情还是有许多可以述说的地方,至少我并不是没有男朋友。

亚伦当然符合不干涉我职业的条件。以他的观点来看,深入探索人类行为就像大肆调查其他银河系一样。想和他谈我学生的事,门儿都没有。但这一点没有问题,如果我想仔细考虑工作上的事,我可以找杰夫谈,而当我置身工作之外时,我很高兴讨论希腊诗歌或澳洲 Shiraz 红酒。

* * *

那个周五的晚上,亚伦和我已经计划好要去野餐。和亚伦野餐可不是什么随便的事。他举办的是欧式野餐,有柳条野餐篮、可用来铺在地上的红色方格布和真正的盘子及玻璃杯。这可比肯德基炸鸡加上烤豆子的阵仗来得大,所以我周四都在烤茄子、做肉末饼,而亚伦则负责找法国面包和适合的红酒。

周五晚上下班后,我回到家为食物做最后的准备。我们要到城东边一座湖上的美丽景点野餐,这需要做好严密的防蚊措施,所以亚伦在后面房间想办法让我的捕蚊灯运转。

有人敲门。我以为是送报生来收报费,所以用牙齿咬住支票,擦一擦油腻的手,然后拉开门。

是席拉。

"嗨。"她开心地和我打招呼。

"嗨,你来这里做什么?"我问。

"我试着从电话簿上找你的地址,可是你的名字不在上面,所以我就打电话给查号台,"她说,"我可以进来吗?"

"他们不应该说出地址的。"我回答。

"是啊,我知道,不过如果你假装已经知道地址,譬如你说:'那是枫树大道上的海顿吗?'他们就会说,不对,然后把正确的地址告诉你。至少会给你一部分。你挂掉电话,再试着找其他人,就用那一部分地址再找出剩余的部分。这一招每次都管用。"她看看我身后,"我可以进来吗?"

她没有等我回答就直接进到屋子里。她微笑地看着我公寓的墙壁,"哇,好干净。我喜欢这样。"她一屁股坐进一张椅子里,"我过来,因为我认为或许我们可以谈谈。"

我并不想让她觉得她不受欢迎,可是她的到来完全出乎意料,这让我一时之间不知所措。

"你总是试着在送我到方登大道时在车上和我谈话,我不喜欢那样,"席拉说,"时间太短了。我知道路程马上就会到终点,因此始终无法很快组织好我的想法。我今天晚上没有事,所以我想我可以过来这里,我们可以谈谈。"

这是操纵吗?我纳闷着。她是不是认为我通常会停止手边正在做的事而让她说话?

就在这时,亚伦从后面走出来:"桃莉?喔……"他说,看着席拉。

"喔。"席拉也回他一句。

"我今天晚上另有计划。"我轻柔地说。

"喔,我知道了。"她停了好久没说话,注视着亚伦,"他就是现在和你上床的那个人吗?"她不经意地说,就像她认为那句话就是平常的对话一样。

"席拉,我想你得离开,"我说,"我很抱歉你这样一路过来。我希望你事先通知我。"

她的表情变冷酷了。我想,我认得那个表情。几年前六岁大的席拉的那张脸突然掠过我的脑海,固执、生气、一心一意想报复。虽然她变了好多,但那个表情让人立刻就认出来。

"你知道,他并不像查德那么帅,"她对我说,声音还是保持愉快对话的样子。她瞥向亚伦,"那是她上一任男友。或许不是最后一个,我不知道这当中还有几个。"

"席拉!"我把一只手放在她肩膀上,把她的身体转向大门,"我们星期一见。"我带她走出大门,把大门关上。

"或许会见,或许不会。"她低声说。

当我转过身时,看到亚伦吓得苍白的脸,"我很抱歉。"我说。

"她是谁?"

"太难解释了。"

席拉周一回来时一副什么事也没发生过的样子。她很主动参与孩子们的活动，而且休息时间和米丽安也聊得很开心。我知道要提防她，不确定她会怎么样，但她一直都没有行动。她的表现和一般青少年助理没有什么不同。

开车送她到方登大道时，我一句话也没说。如果她觉得这段时间谈话会让她不自在，那么我就不谈。我们可以其他时间再谈。

席拉双臂抱在胸前，静静坐在车子里，就这样持续了一两里的车程。我的眼角瞄到她偶尔会看我一眼。我弯身向前，打开收音机。

席拉叹了好大一口气："哦，我的天，她生气了。"她低声说。

"我没有生气，"我说，"那天晚上你说过这段车程你不想谈话，因为时间太短了。"

"我的意思不是完全不讲话。事实上，自从我们上车开始，你连一句话都没说。"

我看着前面路上的车子。

席拉看着我。当我没回话时，她的双肩一垂，叹了口气。"桃莉？"

"什么事？"

"我将来会怎么样？"

"你是什么意思？"我问。

"我的意思是，这个暑期班结束时，我会怎么样？我的意思是，我现在是什么？我不是你的学生，对不对？我不是病人，至少我不认为我是。可是你对我又和对朋友的态度不一样。"

这番话倒引起我的注意。我望向她："你是什么意思？"

"你知道我的意思，桃莉。我们不是朋友。我不知道你想怎么形容我们的关系，但那不是友谊。"她停了一会儿，"现在课程就要结束了，你又要离开我了吗？"

"没有。我哪里都不去，我还会留在诊所里。"

她发出微微的挫败吸气声。"你有时候，哦，真的很迟钝，"她小声说，"我不在乎你在哪里工作，桃莉。事实是，我不会在那里了，对不对？我将会怎么样？"

"你希望怎么样？"我问。

席拉两只手臂还是抱着胸，把头别开，看着窗外。她沉思了一会儿，"我们就快没时间了，"她小声说，"我们离巴士站只有一点八里了。可恶。"

我把车子转进一间大型折扣商店的停车场，把车开到最远程，关掉引擎："巴士班次很多，如果你错过平常那一班，可以搭下一班车。"

我突如其来的举动使她瞪大了眼睛。

"如果你是问我们的关系会发生什么样的变化，那决定在于你。我喜欢有你在我身边，很喜欢这个暑假。我希望暑期班结束时，我们还能继续见面。"

夏日的太阳下，车子很快就变热了，所以我把窗子摇下来，靠在窗上。

"就这样？"席拉问，"我们只是有时候见见面吗？"

"你有话没说，"我回答，"你有话没有说出来。"

她没回话。在车内的高温下，汗珠从她的太阳穴上冒出来，沿着她的脸庞滴落。几分钟过去了，我的心思开始随意游走，我和席拉在一起时经常会这样，会回想起我们一起在我班级的那段时光。

突然间，我被渴望所淹没。当时，情况单纯多了，我是大人，她是小孩，我确信我的世界是对的，她的世界是错的，而当时只有一件事，就是要她改变。当时我从未质疑过自己所作所为的基本价值。

"你和他上床了吗？"她问，她的声音很柔。

我突然回过神来。我惊讶地望向她："谁？"

"在你公寓里的那个人。你和他上床了吗？"她指的是上周六晚上的事情，发问的态度并不是很无礼，而是用一般的探询口气。

"那是个相当私人的问题。"我回答。

她低下头，脸也红了，好像突然觉得不好意思一样。她深深吸了一口气，接着我想她就要哭了。

"我很抱歉，"我说，"我并不是气你问这个问题，我只是还没有准备好要回答这样的问题。"

她就要哭了。我看到她用牙齿吸住下嘴唇，让嘴唇不要颤抖。

"你以前跟我说过，"她说，声音颤抖着，可是泪水并没有掉下来，"在我小时候。我问你和查德有没有上床，你说你们有。"

我不确定自己真的记得那种特别的说辞，所以我停了一会儿都没有回答，回想她可能说过的话。

"你真的说过，"看我没说话，她口气很笃定地说，"是在我爸的弟弟杰利做了他做的那件事之后……你知道的，我当时不知道那是怎么回事。我不懂他为什么要对我做那件事，因为我是那么的喜欢他。而你解释了所有的事给我听。因为他告诉过我，你和查德如何爱那件事，而他只是教我，这样你就会爱我。我问你那件事，而你毫不犹豫地回答我。我知道，因为我记得你说过。"

"那是不一样的，孩子，我当时正在解释事情，"我说，"那不只是谈话。"

"为什么你那样叫我？"席拉突然这么问，望着我看。

"叫你什么？"

"孩子。我小时候你都叫我小可爱，还有老虎，还有甜心。为什么那时候我是而我现在就不是呢？"

当我回到诊所时，我仔细想了一下我们两个人对于席拉清楚记得在她六岁时谈及那件事的对话。她精确地指出几年前的那段谈话，提到真正的名字和事情发生的细节。这和她稍早之前的模糊记忆，或者事实上，和她坚持完全不记得查德的情况相差悬殊。是她想起来了？如果是这样，是什么事让那些记忆消失的？或是可能她始终记得,却告诉我她不记得了。如果是这样,又是为什么呢?

我也逐渐意识到一件藏而未说的事。一次又一次和席拉的谈话让我感觉到,我们是在同一时间里谈两个层面的事,她在说其中一件时,其实也同时在表达另一件。我很清楚地感觉到她知道这件藏而未说的事,而这件事对席拉在这暑期班里所表现出来的愤怒有相当的影响。

或许那件事也不是那么神秘。席拉在我们到玛丽斯维尔时就毫无隐瞒地提过,当年学期结束我离开时她所感受到的痛苦和愤怒。没有再提起这件事或许是我的错。那天晚上在旅馆房间里她那种强烈的感情让我相当吃惊,之后要处理她跑掉那件事也让我很慌。对于这件事情,我处理得并不像在诊所或教室这种比较能控制的地方那么好。而且她说得没有错:下课后那一小段车程并不适合做类似的讨论。

我查了一下我的行程。第二天下午我们要和亚雷赫的父母亲见面,所以我无法去看席拉。事实上,由于课程即将结束,那个星期相当忙,除了诊所平常的事情外,杰夫和我还有几个评估会议要开。我打开日志,在星期五写上席拉的名字。我想,她好像很想到我家,那么或许周五晚上我们可以一起做些特别的事。

第二天早上是混乱的开始。事情开始于负责带几个孩子到学校的小巴士司机,他告诉我们,紫兰一路吐到学校,事实上,她吐得到处都是,每个人都遭到波及,因此我们四个人必须一起善后。之后，当我打电话给紫兰的母亲时，她却说她无法过来接紫兰，因为她丈夫把车子开走了。米丽安自愿送紫兰回家，可是路途十分遥远，她花了半个早上的时间来做这件事。

而原本已经变得相当确定不会伤害自己的塔玛拉，似乎认为小巴士上的孩子们获得大家太多的关注，于是趁我们没注意时找到了一把大剪刀，在她自己的手臂内侧画了一道差不多从手腕到手肘那么长的伤口。伤口并不深，可是流着血，而那时又只有杰夫、席拉和我在场，这次意外让其他孩子们变得很不安，而且坦白说，我们并没有把情况控制好。

身为医生的杰夫负责包扎塔玛拉的伤口，席拉和我则负责消除恐惧，让大家重新调适心情。暑期班并没有足够的时间发展有效的团体情谊，就像以前我在我的班级里所做的一样。这一群人仍旧没有真正的重心，因此有状况发生时，场面很容易失控。我试着用几首歌让大家保持开心，但患有自闭症的乔舒亚和杰西却大声尖叫，其他人则不停地到处走动。

更好笑的是，在混乱中，我注意到戴维、亚雷赫和米奇不见了。我吓坏了，因为那天早上我们并没有像平常一样搜戴维身上的火柴。我担心出意外，于是冲出去找他们。我花了五分钟或十分钟才得知他们在哪里。那三个孩子人在外面，当我从一扇开着的窗子听见他们的声音时，我人还在里面。我小心接近窗子，因为我想看他们在做什么。果不其然，戴维在学校建筑物的背风处用草和树枝点了一团很小的火。

"你看，有了，"他对米奇说，"我跟你说过我做得到。"

我正准备要现身，这时让我惊喜的是，我听见戴维说："可是现在我们必须把它熄灭。"

"怎么弄？"亚雷赫问。

戴维四处找了一会儿可以利用的东西，这时，他的小脸蛋亮了起来。"我知道了，像这样。"他解开牛仔裤的扣子，"好了，大家一起来。数到三，大家一起尿。"

下课后，杰夫和我还有亚雷赫的父母亲有个会要开，所以我没办法送席拉到方登大道。于是她离开学校走路到附近的巴士站，杰夫和我则返回诊所。

亚雷赫在这个团体里的特殊性还在于，他既不是杰夫的病人，也不是我的病人。所以，我们两个都不认识他的父母，班克·史密斯先生和班克·史密斯医生。事实上，我只和他父亲接触过，那是在课程开始的第一天，他带亚雷赫过来时。而我根本没见过他的母亲。杰夫和他们的接触比较多，因为几个星期前，他帮亚雷赫做过全身检查。我们大多仰赖亚雷赫的精神科医生，傅里曼医生，提供给我们亚雷赫家的相关消息。

亚雷赫的母亲是位执业家庭医生，他父亲则是位保险员。他们的个子都很高，很迷人，一副北欧人的模样，是那种广告人虚构出来的一对俪人。他们热诚地和我们打招呼，和杰夫及我握手，接着又和傅里曼医生开开玩笑之后才坐下来。我看着他们,第一个冲击我的想法是,有个可怕的错误已经铸成:这对夫妻并不适合当亚雷赫的父母。

第二个冲击我的想法是,班克·史密斯夫妇和亚雷赫并不亲。当我们分发几项测试结果、报告和资料时,他们轮流检视着,还问了几个清楚、有条理的问题,可是他们问问题的方式,和杰夫、傅里曼医生还有我一样深入、客观。他们并不是以父母亲的角色和我们谈话,而是以专业人员的角度。

"所以,你说亚雷赫的运作能力比他同龄的孩子要低,"班克·史密斯先生对杰夫说,"这可解释为智商吗?"

"如果以钟形曲线来看,例如有平均智商的,大部分的人都是在中间最宽的这一部分。"

"不,请说他的分数就好了。他的智商到哪里?"班克·史密斯先生问。

"我通常不愿让我们受限于细节上,"杰夫回答,"智商是一个相对的评估方法,而测试并不一定能反映真实的现象。"

"算了吧,只要数字就行了。"班克·史密斯先生回答。

"嗯,我帮他做了魏氏儿童智力测验(WISC),他拿到的语言分数是六十五分,知觉分数七十九分,智商总分是七十四分。"

"那是在低能的范围对不对?"班克·史密斯先生说。

"我们通常把七十当作一个标准,但事实上,我们并不想强调单一的分数，尤其是像亚雷赫这样的个案，文化方面的问题可能会影响结果。"

"那么你，"班克·史密斯医生说并指着我，"你说有明确的征兆显示他的脑部受损？"

"是有可能，并不是确定。那样的事是很难确定的。"

"是什么造成的呢？"亚雷赫的父亲问，"是挨打所致？还是贫穷造成的？"

"不能这样说。他有失语症的征兆，包括无法正常运用和了解词汇。就我以前看过有这种障碍的孩子来说，那大部分是与生俱来的。"

"所以，他有可能一直以来都是受损的，你是这个意思吗？"他问。

我并不想那么说，但不幸的是，那可能是事实。

"亚雷赫的问题是没有办法改善的，对不对？"班克·史密斯医生说。

"可以改善，"杰夫迅速回答，"这个暑期班期间，亚雷赫在人际关系方面有相当的进步。他在社交上渐入佳境，而且和几个男孩子交了朋友。我们看到他有不错的改变，对不对，桃莉？"

我点点头。

"我想，如果他继续留在诊所里……"傅里曼医生刚开口要说话，班克·史密斯医生就挥手打断了他的话。

"不是,我问的是:他基本上是不会改善的。你们不可能让他变得更聪明,无法修补他受损的大脑。"

"嗯,不……"傅里曼医生说。

我感觉到自己在往后退,好像正溜下一条长长的隧道。我们输了,或许我们在开始之前就已经输了。班克·史密斯夫妇已经决定把亚雷赫送回南美,而且事实上,在他们来开会之前就已经开始办手续了。不管怎样,就在那一刻,我知道希望已经破灭了。亚雷赫已经被定罪了。

22

失　　踪

"我并不认为有这种可能,就像我认为你不可能会带着其中一个孩子离开一样。"我用愤怒的低语反驳他。

"我想,或许明天晚上你会想来我家。"第二天我送席拉到方登大道时对她说,"明天是星期五,所以我们不用担心早上上班的事。或许我可以弄点烤肉什么的。"

"烤肉?你住在顶楼公寓里要在什么地方烤肉啊?"

"我的车库顶上有个门可以出去。明天我带你去看。"

席拉笑得好甜:"好呀,我很乐意。"

席拉沉默了一会儿之后再次望向我:"昨晚和亚雷赫父母亲的会议进行得怎么样?"

我耸耸肩。

"他们是什么样的人,他的父母?"

"还好。就某一点来看，很好。如果我是在宴会上或其他什么地方见到他们，我想我会喜欢他们。"我回答。

她拉下一股头发来检查："那么，他会怎么样呢？他们要把他送回去吗？"

"我不确定。傅里曼医生会和他们讨论这件事，因为他是亚雷赫的治疗师，可是我们没有讨论那件事。"

"是啊，可是你们会想办法，对不对？你和杰夫？你们会试着阻止他们。"席拉说，声音很急切，"我的意思是，哦，你们不会让他们那么做。"

我抿了一下嘴唇，吸了一口气："我是不想让他们那么做，可是我怕，如果他们想那么做，我可能没有什么办法。"

"可是你们不会让他们那么做吧？"

"就像我之前说过的……"

席拉弯身向前，双手放在头两旁，好像很痛苦："哦，那种事绝对不能发生。哦，我的天，他被人带到这里来，被赋予所有这些东西。一切曾经是那么美好。"

我从她的声音听得出来她在哭。出乎意料的是，我发现自己也在哭。泪水毫无预警地就这样流下来，让我看不清眼前的路。发生在亚雷赫身上的罪恶，还有，透过他，所有不幸的受害者，突然间让我难以承受。"那件事让我也想哭。"我说。

席拉吓了一跳，望向我。

我伸手擦掉泪水："这种事发生时，我觉得好无助。我很想改变事情的结果，只是我没办法。"

她的眉头皱了起来，惊讶地望着我。她和我不一样，她没有流眼泪。

"有时候这样会有点帮助，"我含着泪说，顺便擦掉最后的眼泪，"在这种情况下，我只能这么做。"我对她微笑。

"有时候我也想哭，可是我几乎没有哭过，"席拉说，"我感觉到泪水正在形成，然后就在我以为自己要哭出来时，那种感觉消失了。"

我点点头。

"事实上，是我让它消失的，"她说，"并不是我一定要那么做，只是我突然想，这是什么？它不是真的。它里面有什么？一堆化学药品在我们的脑子里跑来跑去。一堆分子。是哪一种呢？是碳？氢？那等于什么？什么都不是。真的什么都不是。"

"你相信那个？"我问。

"是的。"

"真的？"

她耸耸肩："不论我信不信，这想法还是会跑到我脑海里去。"

* * *

我们以一项特别活动来庆祝最后的周五：以巧克力布丁取代颜料来做手指画。米丽安和我以前都参与过这项活动，所以我们对活动会带来的混乱都有相当的心理准备。米丽安带来各式各样的旧衬衫来保护衣服,然后我们把桌子往后挪,把报纸铺在地板上,接着把大张画画用的纸放在地上,最后我们调了几大碗的速溶布丁粉。

席拉和杰夫对这项活动相当感兴趣。杰夫以他弗洛伊德式的训练来看那些浓稠的半流体物,那里面的含义太多了。第一个把手插到碗里的人就是他,他先舀一瓢布丁到紫兰的纸上,然后给所有的孩子每个人一大瓢。

孩子们当然喜欢这项活动。进到他们嘴里的布丁比画在纸上的还要多,而且没过多久,大部分孩子的脸上都是巧克力布丁,可是那也正是活动本身成功的地方。在我带班级的这些年来,这是我最喜欢的活动之一。到处弄得乱七八糟,可是这当中可以感到一种特别的自由。大量的布丁黏糊糊、冷冷的感觉,可以用手指头涂抹,可以用舌头从纸上把布丁吸起来,有一种零阻碍的快感。教室里每个孩子都变得好活泼、好开朗。

席拉也入迷了,事实上她整个早上都非常活泼,同时与好几个孩子聊天,还把米奇举到她的头顶上。亚雷赫一开始并不愿意碰巧克力布丁,所以席拉就坐在他旁边的地板上,开始帮他作画,鼓励他和她一起画。她用手指头从纸上舀起布丁让他尝,他不肯,于是她就自己吃了,开玩笑地把布丁涂抹在嘴唇上。这个举动逗得亚雷赫放声大笑。他笑得好开心、好有精神、好天真,我们听到他的笑声都好惊讶。他举起一只沾有布丁的手指头,让布丁滴进自己的嘴里,接着开心地发出咯咯的笑声。

我很高兴这个活动进行得很成功。大家都很开心地大笑、聊天,而我看着他们,觉得很满足。

席拉走到我的右侧,说:"我要带亚雷赫到楼下洗手间。他得去上厕所,而且他全身都是布丁,我要帮他冲一冲。"满身都是巧克力的亚雷赫笑着看着我。

"好的,我想我们都该清理了。"我回答。

我告诉孩子们还有五分钟活动就要结束了,接着走到杰夫和米丽安那里,建议把孩子弄干净后,请他们把孩子们带到外面休息,由我来清理教室。他们都同意我的提议,而且很快就离开教室,剩下我一个人面对满屋子的布丁。

由于教室实在太乱了,我一直都没有到外面去。我可以听见杰夫的声音透过打开的窗户传进来,他正在监督大白鲨和美人鱼的游戏,这唤起了我的儿时记忆。温暖、干燥的夏日气温,照在地板上的阳光,窗外木棉树所形成的图案,孩子们的声音,全都结合在一起,让我正在做的平凡工作变得超然。

半个小时后,孩子们回到教室里,我们再次开始一般的活动。大家都安顿好了之后,我看了一下教室:"席拉和亚雷赫呢?"

"我正要问你这件事。"杰夫回答。

我茫然地看着他:"你是什么意思?"

"我还以为休息时间他们在这里帮你的忙。我以为或许你要他们到管理室那里拿东西了。"

"什么？他们没和你们一起在外面？"

杰夫摇摇头。

"米丽安？"我叫着，"你有没有看到席拉和亚雷赫？他们没有和你在外面吗？"

米丽安的脸上闪过惊讶的表情："我以为他们和你在一起。"

当一股冷流穿透我的全身时，我理解到何谓血液像冰一样流动的感觉。

"你最后看到她是什么时候？"杰夫问我。

"好久以前。她带亚雷赫到楼下上厕所。我一直都是一个人在这里，而我以为……"

我试着压抑惊慌的感觉，走到玄关，下楼到厕所。我冲进女厕所里，猛然打开厕所隔间的门，还看了一下放置垃圾桶的角落。接着我到男厕所也搜了一遍，同样一无所获。

回到教室，杰夫和我聚在后面的水槽旁讨论接下来该怎么做，而米丽安则想办法让孩子们有事做。

"发生了什么事？他们会上哪里去呢？"杰夫问。

"我不知道。席拉今天早上来时还好端端的。"

"她会翘家吗？"杰夫问。

"不会，我不这样认为，"我回答，"唉，我不知道。她六岁时不会翘家。"

"那是八百年前的事了。"他的语气刻薄。

"不过她为什么要走呢?她没有不高兴,至少我看不出来,她今天早上很开心,心情很好。"

"是啊,"杰夫忧心地说,"自杀的人一旦下定决心,都是这个样子。"

我们默默看着彼此。

"可是她为什么要带走亚雷赫呢?"他问,"这是最危险的问题。"

杰夫说这句话时,我知道答案了:"她担心亚雷赫,担心他父母可能会把他送回南美。"

"哦,我的天,所以她就带他一起逃走,你认为是不是这样?"杰夫问。

我们两人都没说话。

"海顿,你为什么不告诉我有这种可能呢?我们应该警觉到她有可能这么做。"

"我并不认为有这种可能,就像我认为你不可能会带着其中一个孩子离开一样。"我用愤怒的低语反驳他。

"嗯,你现在似乎对这个理由深信不疑。你讲来一点都不费力,所以你一定本来就知道她有可能这么做。"

"我不知道。我会这么做吗?你会这么做吗?那天晚上班克·史密斯夫妇的反应让我们两人都很生气,为什么我们没有那么做？为什么我就应该怀疑席拉？"我大叫。

杰夫阴沉着脸看着我。

我始终认为杰夫遇到逆境时都能够保持自己的幽默，但这次他办不到。他非常生我的气，样子就像我对他隐藏了天大的秘密，没有把席拉心理的稳定性告诉他。由于我并没有对他隐藏什么，由于这件事对我来说也是一大冲击，因此我也觉得既受伤又生气。这对我们的情况一点帮助也没有，因为危机发生的头十五分钟，我们两个人都没办法直接思考。

杰夫说我深信席拉和亚雷赫跑掉了，他说得一点都没有错。虽然事前我从未想到席拉可能会那样做，但事情一发生，所有的事对我来说都逐渐清晰。她很绝望，因此使出了非常手段。第一个合逻辑的步骤是搜寻全校，所以在经历了相互指控的最初阶段之后，杰夫和我协助安排米丽安一个人照顾那几个孩子，接着就分头在学校建筑物里搜寻。

我有系统地搜寻每一间教室、柜子和储藏室，有些地方我们有钥匙，有些地方没有。我抱的希望是，即使席拉真的想带走亚雷赫，她也会先藏在学校里，等到我们都离开为止，所以我不放过任何一个角落。在一无所获时，杰夫和我就一起到外面搜索游乐场和马路对面的公园。我紧张得一直看表，担心小巴士和出租车来带孩子们回家的时间就要到了，因为到时我们就得告诉要载亚雷赫回家的司机没有人可载了。杰夫已经平静下来，不过他还是像带刺一样，因此，我没把我的感受告诉他。

不幸的是，即使我们搜遍了所有地方，还是没有他们的踪影。十二点半到了，米丽安把孩子们带到前面。当我们看到那辆要来载亚雷赫回家的出租车时，我们不得不承认失败。我没有对那位司机解释什么，只说亚雷赫不能搭他的车了。他不高兴地接受了，平常的例行工作到最后一分钟才被改变让他很困扰。在这同时，杰夫到里面去做那件不讨人喜欢的事：打电话给罗森泰博士和亚雷赫的父母。

米丽安下午还有其他事，午餐后就回家了，留下杰夫和我大眼瞪小眼。

"哦，我的天，"杰夫小声说，"为什么事情最后会变成这个样子？我们做得那么好，这是一次很棒的经验。为什么事情最后一定要变成这个样子？"

下一个来到现场的是罗森泰博士。当他巨大的身影出现在教室门边时，我真的感受到情况的严重性。他从未到过我们这里。他很清楚整个计划的进展，因为杰夫和我必须提出周报告，而且他也参加过几次家长会，但不同的是，这是我们的计划。现在在这里看到他，让我突然有种感觉：家长前来收拾孩子们闯的祸。杰夫和我比诊所里其他人年轻许多，经验也少很多，而和其他精神科医生西装领带式打扮相比，我们总是像孩子一样。其他时候我都有点不在乎这点，但现在，看着这个穿着高雅深色西装、一头灰色头发的高个子男人，我所想到的只是自己是个多么蠢的傻瓜。

他走过教室，到达杰夫和我坐的那张桌子旁，弯下身坐进其中一张小教室椅子里："你知道这个女孩是危险人物吗？"他问我。

我在压力之下通常会表现得很酷，可是那个时候我一点都不酷。午餐时间已过，我觉得很饿。我很担心，而且认为这件事可能全是我的错，这种罪恶感让我感到十分受挫。虽然罗森泰博士提的问题很直接，但听起来太像杰夫最后那九十分钟的质询，因此，我哭了起来。

我的哭泣让杰夫感到不安，他扭着身体并且把脸别开，但罗森泰博士带着惊讶的温和，起身走到桌子旁，站在我旁边。他把一只手放在我的肩上。"别担心，"他说，"事情会解决的。"

我很高兴他这么想。

亚雷赫的父亲于一点半抵达学校。"这是怎么了？是怎么回事？这个女孩是什么人？"他问。他像杰夫一样，用愤怒表达他的担忧。他对着我们挥舞拳头，"你们为什么没看好他？"

罗森泰博士没让杰夫和我回答。"我知道你正在考虑把亚雷赫送回哥伦比亚。"他对班克·史密斯先生说。

班克·史密斯先生完全没料到罗森泰博士会说这句话，一脸茫然地看着罗森泰博士。

"对不对？"罗森泰博士坚持要听到他的回答。

"嗯。"班克·史密斯先生想了一会儿，他的视线来来回回扫过我们三个人,"这有什么关系吗?"

"那个和亚雷赫一起跑掉的女孩和他相当亲近,她担心他会被送回孤儿院。"

班克·史密斯先生两眼盯着地板。

"我不认为亚雷赫有任何危险,"罗森泰博士说,"从我的员工和她相处的经验来看,她是个懂事、熟悉如何在街头生活的女孩,所以我认为我们必须以冷静、合理的方式来处理这件事。发生这种事真的非常不幸,但我确定最后一定会没事的。"

那时我真想亲吻罗森泰博士,他的支持方式让我十分感激。自从事情发生到现在,我第一次觉得事情不会那么糟。

我们最后又搜寻了一遍学校,而且是包围式的搜寻。罗森泰博士联络了学校的管理员,他有我们之前没办法进去的那些地方的钥匙,有他协助,我们就可以把每个角落都查看一遍。可惜的是,并没有找到半点线索。

四点时,我们回到诊所,班克·史密斯医生和我们在那里碰面。罗森泰博士已经成功地消除了班克·史密斯先生的怒气,让他也帮忙搜寻。现在他的妻子也来到会议室,提供我们一些有用的建议,告诉我们亚雷赫在这种情况之下的预期行为。有人联络了席拉正在上班的父亲,我们全都在等他过来。

我们拿着咖啡杯在诊所走廊上等蓝斯塔先生时,罗森泰博士过来找我,"麻烦你来我办公室一下。"他说。

罗森泰博士的办公室和会议室明亮的灯光以及紧张嘈杂的气氛不同,里面并没有开灯,既昏暗又安静。身为负责人的他拥有诊所最大的办公室,那是一间高雅的房间,属于维多利亚时代末期的风格,有桃花心木的壁炉和装饰檐口的天花板,地板上铺了厚厚的地毯,还有嘎吱作响的皮椅——子宫椅,杰夫如此称呼它们,因为它们会把坐在上面的人舒舒服服地包住,就像精神科医生的沙发。

"多跟我讲一些和这个女孩有关的事,"罗森泰博士说,"她是什么来历?"

"她是我以前的学生。"我说。我在会议室里已经简单说明过席拉和我的关系,不过现在则更详细地说明。我把她穷困的环境和她被遗弃及受虐的过去告诉罗森泰博士。

罗森泰博士点点头,伸手越过他的桌子,打开窗台上的录音机。莫扎特第二十号协奏曲开始演奏,他偏着头专心听着那首曲子。前奏忧郁的快板让我有不祥的预感。

"事情是可以理解的,对不对?"罗森泰博士终于开口,"这个孩子本身就被母亲遗弃,所以她同情那个在哥伦比亚被遗弃的男孩。他被人救了回来,可是现在他又要被遗弃。"

我点点头。

他看着我:"这件事对她来说很重要,真的。她本质上是个好女孩。"

"我想,如果我以最近和席拉相处的经验来说,或许能进一步确认。你知道,席拉和我……嗯,我被牵扯进遗弃那件事里了。我想她把我看成和亚雷赫的父母一样的角色,因为我曾拉她一把,带她进入我的班级,让她得以脱离以前的生活,让她习惯于一个更为稳定的环境,更加能够信赖的成人关系,之后,当学期结束时……"

这时办公室里一片沉默,该填满沉默的音乐更加凸显沉默的存在。

"我不是故意的,"我说,"我原本所认为的美好经验,却被她诠释为遗弃,这一点我很难接受,她甚至不记得被自己的母亲遗弃,可是却记得我那么做。而现在又发生这种事。"

"唉。"罗森泰博士没说什么。他靠在椅子上,抬头看着天花板上的图案。音乐声继续回荡着。

我走出罗森泰博士的办公室时,席拉的父亲已经出现在会议室里。他是上班时被叫过来的,身穿着一件脏兮兮的牛仔裤和一件有汗渍的衬衫。他那双鞋尖包了金属的靴子碰到椅子和会议桌的脚,弄出喀嗒喀嗒的声音。我一看到他,就知道不应该要他出席。他不修边幅的外表惹人生厌,他的那张嘴更是如此。我试着对席拉童年时一些可怕的事轻轻带过,觉得她五六岁时所做的事和十四岁的她没有关系。但是蓝斯塔先生一开始就口无遮拦,毫不犹豫地表示席拉曾经因为惹麻烦而上过警察局。我反驳他的说法时,他便承认,差不多十年前,自从到我班级上课之后她就没有再惹过麻烦,可是他接着又补充说，她在最后一个寄养家庭里惹了大麻烦，因为经常翘家，最后就被送到一所牢固的儿童之家。他讲完时，班克·史密斯夫妇两个人的眼睛瞪得好大，坚持一定要报警。

两位警官在六点四十五分抵达，其中一位是叫杜兰迪的大块头，另一位则是留着金色短发、眼神闪闪发亮的女警官，名叫梅索森。罗森泰博士、席拉的父亲、班克·史密斯夫妇、杰夫和我都还坐在诊所会议桌旁。杰夫和我又把事情讲了一遍。因为兴奋的情绪已经持续太久，那时的我已经麻木，所以只是把事情发生的经过讲一遍，并没有特别想表达某一部分。之后，杜兰迪警官和其他人一起留在会议室里，梅索森警官、杰夫和我则到我们的办公室去查看亚雷赫的档案，并更进一步讨论暑期班的课程。我们回到会议室时，发现有人向十九街上的熟食店订了三明治，杰夫和我都没吃午餐，于是狼吞虎咽地吃了起来。

时间的折磨几乎没有停止过。警官们来了又走，不过我们全都留了下来，却不知道要做什么。现在，和下午及傍晚一阵手忙脚乱的情况不同，除了等待，还有吃东西之外，并没有什么事可做。又有人向熟食店订了些东西，还有人到对街的甜甜圈店买了一打甜甜圈进来。罗森泰博士煮了新鲜的咖啡，而杰夫则去自动贩卖机上买了点东西。在工作一整天又没有吃东西的情况下，我坐在那里什么事也没做，随随便便就吃过量了，而这只能让我更加昏昏欲睡。

大约晚上九点，我上完洗手间要回去时，看到蓝斯塔先生在诊所门前闲逛。他想回家，我认为他来的时候就想这么做了，现在显得更加急躁。

"我不知道我们要怎么做，"他疲惫地说，"留在这里一点帮助也没有，她不会回到这里的。"

我点点头。

"我们只是等她出来，就只是这样。对席拉，你只能这样做。"

"以前这种事发生过几次？"我问。

他耸耸肩："太多次了。"

"她都会去哪里？"

他又耸耸肩："她没说，我也没问。她和她妈妈一个样子，想做什么，什么时候想做，怎么做，她就去做，而我只是坐在家里，希望她不要惹麻烦。"

"她最近都没有因为惹上麻烦而上警察局，对不对？"我好害怕他给我的答复。

他摇摇头："没有。"

之后，我们两个都沉默了一会儿。我看着双扇门外的夏日薄暮："你可以告诉我一点有关席拉在寄养家庭时翘家的情况吗？关于这一点，她并没有跟我讲太多。她翘家几次？"

蓝斯塔先生鼓起脸颊，把气吐出来："好多次，我不知道。或许十次吧？"

"十次？"我惊讶地说。我原来还以为是三四次，"在什么时候？是你……不在时吗？"

"是，"他点点头，"我在玛丽斯维尔时。还有我在州立医院时，我到那里两次，戒毒，你知道的。"他露出尴尬的微笑。

"可那是在十次期间，是吗？是六七年内发生的吗？"

"她就是不安分。她在第一个寄养家庭里还好。她，哦，大概八岁时进到第一个寄养家庭。他们似乎真的很好，会带她来探望我。那是我在玛丽斯维尔的时候。他们每个月会带她过去一下，之后就突然不去了。结果他，那个老头子，竟然对她进行性侵害。表面上对我很好，晚上却对我的孩子进行性侵害。"

我仔细凝视他的脸。

"她什么都没说，可是她逃离了那个地方。事实上，她从来都没提过，可是那个家伙又侵犯了下一个孩子，结果被抓了，所以我认为他也曾经对我的孩子做过同样的事。"

我心想，哦，我的天，这种事一直都存在吗？

"那个家伙，他让她变成翘家的小孩。她以前从未翘过家，可是现在你只要让她发狂，她掉头就走，就像发疯似的。他们一直把她安排在不同的地方，可是她依然我行我素。我跟他们说，她有她母亲的基因，如果她想走，她就会走，而且那里面的人，"他朝会议室比了个手势，"没有人能找到她的。"

23

虚惊一场

> 席拉啪嗒一声坐在我的沙发上,把亚雷赫放在她旁边。他看起来像是刚刚哭过,眼睛肿肿的,眼眶红红的。

我们的等待一点收获也没有,最后不得不放弃,各自回家,把事情交给警方处理。回到家,我却睡不着,脑子里不停地想着我和席拉之间的关系。我太容易就认为自己在她六岁时为她做得已经够了,认为自己的影响已经起了作用。现在,在黑暗的夜里不眠的我,实在难以相信自己根本一点影响力也没有。

第二天是周六。我没有回诊所,反正我们也帮不上什么忙,可是我一直不敢离电话太远。亚伦过来了一会儿,不过他原本是希望我们下午一起到北部,去死气沉沉的乡下玉米田一带打听一下,看看一些卖小古董和二手货的地方。我告诉他前一天发生的事,他大吃一惊,还说了好几次他认识的人中从来没有人像我一样,会让自己牵扯上那种事情。他虽然同情,但有点惊慌失措。我感觉出那个晴朗的夏季周六他并不想留在城里,因此,他很快就走了,那天剩下的时间就我一个人过。

电话响了好多次。罗森泰博士打了三次电话告诉我事情处理的情况。梅索森警官打了一次,亚雷赫的精神科医生傅里曼医生也打了一次,杰夫打了两次。而我则在下午打了一次电话给蓝斯塔先生,看看他有没有什么消息。我打电话时,警方人员正好在他家,所以我又有机会和梅索森警官讲了一次电话。还是没有什么消息。

我做了晚餐,把晚餐拿到电视前。我对电视节目没有兴趣,所以又把报纸重新看了一次,还做了纵横字谜游戏。我坐立不安,有点想去健康俱乐部游泳。一想到可以去做激烈的运动,顺便在按摩浴缸里泡一下,就十分心动,但是最后我还是决定不去。我收拾起盘子到厨房去洗。

这时有人敲门。

是席拉吗?这个想法就像一支闪闪发亮的箭,让我的精神为之一振。"请等一下。"我把浸泡在肥皂水里的双手抽出来,把手擦干。敲门声又响了,这次更大声、更急切。我快跑过去开门。

是杰夫。

"你来这里做什么?"我问。

"如果我没听错,你的欢迎词可真友善。"他回答并走进屋内。他看了看四周,"所以,这就是海顿小窝吗?我喜欢你那里的壁板。"

"你来这里做什么？"

"我只是想我该过来。你守着电话，我也守着电话，所以我们或许可以一起守着电话。你玩西洋棋吗？我带了我的西洋棋板。也可以玩'追根究底'（Trivial Pursuit），可是两个人不怎么好玩。但我可是玩'追根究底'的高手，"他说，并露齿而笑。

"我想你是。"

他迅速瞄了一下我的书柜："你写的那本书呢？"

"还没出版。明年四月才会出版，但手稿就在那里。"我指着。

杰夫走过去，把它拿起来，而我则回到厨房把水槽里的水漏掉，把东西清理完毕。几分钟之后，杰夫手里拿着那份手稿走进厨房。

"海顿，这是什么？"

"什么？"

"这里，第一章，第一页。'那篇文章很简短，只是附在第六版漫画下面短短几段而已。说的是一名六岁大的女孩绑架邻居一名男孩……'"他抬起头，"这是席拉吗？"

我感到一阵恐惧。

他继续读下去："'她带走那名三岁大的男孩，把他绑在附近林地的一棵树上，还放火烧他。小男孩目前正待在医院里，情况危急。'"杰夫停了一会儿，看着我，"你从未跟我们提过这件事。"

"我没有想到。"

"没有想到,海顿?她以前曾经做过这种事,而你却没想到?"

那并不完全是事实。我曾想过,事实上,我曾经仔仔细细地想过,尤其是晚上躺在床上睡不着时,可是我不确定那件事和这件事有关。那件事听起来很可怕,的确很可怕。然而,那件事和她现在做的事有关吗?我怀疑。在这个时候提起一件审判案里并没有被接受的证据只会让人产生偏见,没有什么益处。我这么对杰夫说。

他扬起一边的眉毛:"小心,你在这件事情上把自己当成法官兼陪审团了。"

"所以你认为有必要提起这件事?"我问。

"嗯,至少要告诉罗森泰博士。我的意思是,这可不是件小事,对不对?所有你告诉过我有关她的事情当中,从未有过她小时候曾经做过这种事的印象,那听起来像是她差一点就把那个孩子给害死。"

"就那么一次而已,那是求救的呼喊。她从未做过其他类似的事。"我回答。虽然席拉和我从未谈过这件事,但我觉得那是事实。她在我班级时,我们谈过她人生的其他方面,包括被遗弃、被虐待,还有她为适应我们的期待所遭遇的困难,可是我们从未谈过那起绑架案。她在我班级的那五个月里,我经常想到那件事,可是我从未强迫她说。那时我并不是一位受过完整训练的心理医生,而且如果席拉无意讨论那件事,我并不认为应该强迫她谈。而事实上她也从来没提过。

这件事让杰夫感到很不安。"她有可能做出某件事来。"他继续说着,好像如果环境适合,我们全都会"做出某件事"这种说法是不正确的一样。他接着谈到诉讼部分,"如果发生事情,而我们没把这件事告诉他们,他们可以控告我们。"

"如果他们冲动起来,光是我们让席拉加入这次的暑期课程这件事,他们就会控告我们。她一直都有风险,"我回答,"但是看在可怜的份儿上,她做那些事时才只是个小孩子。我的意思是,我六岁时曾经在杂货店里偷过贺喜巧克力条,那让我现在成为威胁安全的危险人物吗?当然没有。因为当我长大更懂事时,大家期望我不会那样,也把我看成不会那样做的人。"

"这和贺喜巧克力条有相当大的差别,海顿。"

"不,重点是,她不该因为很小的时候做过的某件事而被人像罪犯一样看待。"

杰夫摇摇头:"不,海顿,重点是,这个女孩曾有过绑架小男孩和伤害小男孩的记录,而且如果我们不告诉某个人我们知道那件事,我们就会有大麻烦。"

最后,杰夫赢了,我们打电话给罗森泰博士。他很严肃地听着。不要,拜托,不要告诉警方,好吗?我提出要求,可是罗森泰博士委婉地提出和杰夫同样的看法。因此,半个小时后,杜兰迪警官就到达我家,和杰夫还有我坐在我家厨房的桌子那里谈那件事。

大家都回家时,我觉得好消沉。这个孩子是怎么了?她有好多事可以讲,好多承诺,然而事情却不断出错。我放了一缸热水,想借着泡澡让问题消失。

又有人敲门。我瞄了一眼床边的时钟,将近十一点半了。杜兰迪警官说过,他要去查查玛丽斯维尔那件绑架案的细节,如果他有任何问题,他会回来找我。我拖着疲惫的身子下了床,披上睡袍,走到门口。难道这个家伙都不下班的吗?

是席拉。她和亚雷赫站在公寓大楼玄关昏暗的灯光里。"我们可以进来吗?"她问。

"哦,可以,"我惊讶地说,"可以,快进来。"我站到一边,让他们进来。

席拉啪嗒一声坐在我的沙发上,把亚雷赫放在她旁边。他看起来像是刚刚哭过,眼睛肿肿的,眼眶红红的。席拉看起来只是一副很累的样子。

"你们到哪里去了?知道大家都在找你们吗?"我问,"你知道警方也在找你们吗?"

席拉皱起眉头:"你可以帮我们弄点吃的吗?我们好饿。"

我帮他们做了鲔鱼三明治。他们狼吞虎咽吃下三明治后,又继续吃花生酱和土司。这段时间,我一直思考着如何处理这种情况。在我看来,如果太快告诉大家席拉在这里,她可能会逃走,但我又知道亚雷赫的父母很想知道他们的情况,因此急于要让他们知道他是安全的。

亚雷赫帮我回答了这个问题。我把花生酱收好后，回来时看到他趴在桌子上，睡得很香。

"来吧，小可爱。"我说，伸手把他抱了起来。把他抱进我的卧房后，我脱掉他的鞋子，帮他盖上被子。这期间他都没有醒过来。

我回到厨房，看到席拉无精打采地坐在桌子旁的一张椅子上，她的姿势和亚雷赫差不多一个样子。她用一只手撑着头，手指头遮住眼睛。

"我要去打电话，告诉他们你们在这里。"我说。

"我知道。"她疲惫地低声说。

"你为什么这么做？我们好担心，席拉。"

她抬起头看我，脸皱成一团："别对我生气。就像对待他一样对待我，好吗？只要说，'来吧，小可爱，'并且让我知道你很高兴我回来。"

亚雷赫的父母过来时，亚雷赫和席拉都睡着了。我把亚雷赫移到沙发上，因为他睡得很沉，灯光和嘈杂声几乎不会吵醒他，而让席拉睡在我的卧房里。亚雷赫父母亲的拥抱和亲吻把他吵醒了一会儿，但他们还没把他带上车他就又睡着了。

杜兰迪警官刚刚值完夜班，回家的路上顺便过来一下。我带他到卧房，他站在门口，看着席拉睡在暗暗的卧房里。"傻女孩。"他小声说，转身走回起居室。

"现在会怎么样?"我问。

"要看家长要不要提出诉讼,要看大家怎么做。"

"可不可以就到此结束?"

他亲切地耸耸肩。"有可能,"他看着我的眼睛,"她真的没有问题?"

"是啊。"

"嗯,那就告诉她打扮一下。"

被混淆的记忆

> 席拉,我很抱歉让你以为我们不爱他。我想,如果这件事有什么收获,那就是让我们知道我们有多爱他。

第二天早上,席拉很晚才起床,她像一只刚刚结束冬眠的老母熊,踉跄地走进起居室。时间已经过了十一点,我正坐在地板上看周日的报纸。她啪一声坐进扶手椅里,看着在报纸堆中的我。

"我的天,你到底有几份报纸啊?"她问,困倦地擦擦脸。

"你要不要来点儿柳橙汁?"

她打了个呵欠,又擦擦脸:"我浑身僵硬。我想我整晚动都没动一下。"然后突然间,她像是想起了什么。她看了一眼我的公寓,接着又看着我。"我几乎不记得我是怎么到这里来的,"她小声说,"可是,我怎么能忘记呢?"

"是的,"我说,"我们有一些重要的事情要解决。"

"是啊,"席拉小声说,"麻烦大了,对不对?"

前一天晚上我没打电话给席拉的父亲。我知道我应该打,可是当时时间已经很晚,而且我认为他可能不会因为女儿不在而失眠。可是席拉一起床,我就坚持要她打电话给他。

"我一定得立刻回家吗?""你不想吗?"她问我的时候我告诉她现在必须让她父亲知道她的行踪,否则其他事都不能做。

"我不能在这里多留一会儿吗?拜托。"

"听着,"我说,"我们先把你整理整理,好吗?你去冲个澡,把自己清理干净。我来给你做早餐,然后我们来看看怎么处理这件事。或许我稍晚可以送你回家。可以吗?但现在要打电话给你爸。"

席拉勉强同意了。

席拉那天早上并不像平常那样设防,或许那只是因为和亚雷赫在一起的辛苦让她又累又饿。不管是什么原因,她非常坦白地表达了自己的需求。

当她进去清理自己时,最为激烈的时刻来到了。她没有干净的衣服,所以我建议她,在我帮她洗衣服时,先穿上我的旧慢跑套装。听到她冲完澡,我就进到浴室去拿脏衣服。席拉站在镜子前,头发正滴着水。

"你喜欢我这样的头发吗?"她问,正在梳头发。

我犹豫了。我在想要礼貌性地撒谎,还是婉转地告诉她事实。

"你不喜欢,对不对?"她回答,看出我的犹豫,"你认为它看起来很蠢。"

"不是,不尽然如此。只是我一直认为你有一头漂亮的头发。我一直希望自己有头直发,却得忍受卷发,而你的却好亮、好美。"

席拉把头发从脸庞往后拉成一条马尾,注视着镜中的自己。她那个样子看起来比较像小时候的她。我头一次看到我以前所认识的那个小女孩也看着我:"我不知道自己为什么要这么做,为什么要让自己变成这个样子。大家都不喜欢。"

"我认为你有很好的流行感,"我说,"我相当喜欢。是不一样,但不一样并没有什么不对,不一样很好。"

"我好想要你喜欢我,"她平静地说,"我希望大家都喜欢我,不过我一想到自己做得到时,又阻止自己那么做。我不知道为什么。我想,我可以穿上这个——像是某件洋装或什么的——然后让大家都认为很漂亮。但后来另一部分的我阻止了我,于是我又把它收起来,去试一些不一样的东西,一些我知道会让大家发狂的东西。我知道要做什么,我想做,可是一直做不到。"

我露出温柔的微笑:"青少年都是这样,是有防守区域的。"

"不,"她回答,"或许大部分的人是这样,但我不是。因为我一直都是这样。即使在我很小的时候,即使我内心很渴望大家喜欢我,我也不会去做一些让大家轻易喜欢我的事。"

随着下午的到来,我们需要去面对并解决亚雷赫的绑架案了。电话响了整个早上,最后大家决定全到诊所碰面,包括席拉。我的心情还是很亢奋,觉得警方极有可能有所行动,可是大家希望在把事件交给有关当局之前先见面并讨论,我认为这是好的征兆。

和我在家的席拉看得出来相当担心。如果"缠人"这个词可以用在一个十四岁的人身上,她就是那个样子,在屋子里一直跟着我。虽然她表面上始终未直接说出口,但她担心她的头发和衣服,她咬指甲,还紧扭着双手。

"这次我们要多花一点时间来处理这件事。"我们上车后我说。

"我只是试着去做我认为对的事,"她低声说,"事情那么糟糕,我想做对的事。"

"我知道,小可爱。"我把钥匙插进引擎开关里,把手伸到她的座位,"过来。"我把她拉过来,给了她一个拥抱。我好几年没有那么做了。她突然间又变小了,需要保护她使我觉得自己像老虎似的。

这个拥抱在席拉身上也产生了同样的效果。当我发动引擎,把车子开出车道时,她看着我:"你知道这让我想起什么吗?记得那次我在那位老师的教室里搞破坏的事吗?"

"记得。"

"记得之后的事吗?你带我到那个小房间里,我记得自己坐在你的大腿上。我好害怕。发生了什么事?是不是校长打了我一顿还是什么?我不记得了,但我记得事后你带我到那里,把我抱到你的大腿上。"

我点点头。

"我觉得好可怕。感觉身体里面都空了,就像有人把我的内脏全扯出来似的。然后你抱着我。那里面好暗,我记得,而且我记得我躺在你身上,感觉到你的手臂,还有你慢慢地让我空虚的内心填满。"

我微笑地看着她:"是啊,我记得很清楚。"

接着我们两个都没有讲话。外面天气晴朗,阳光普照,是那种外出到湖边或到教堂野餐的夏日,和车子里紧张的气氛截然不同。我看着车况,随意想着野餐,还有天气可能会有多热,但我一直没有完全忘掉席拉之前的那番话。

"你记得那么清楚,"我说,突然明白了,"我的意思是,你那时候那么小。"

"是啊,"她同意我的说法,"那些记忆回来了。不是连贯的,而是一阵一阵的。我不知道为什么,但突然就想起那些事情了。"

参加会议的人当然包括班克·史密斯夫妇,此外还有罗森泰博士、杰夫和傅里曼医生,以及席拉的父亲。值得赞赏的是,班克·史密斯先生和太太以冷静理解的态度迎接席拉。会议由罗森泰博士负责主持,他温和有礼的说话方式对维持整个团体的冷静相当有帮助,不过班克·史密斯夫妇的表现令我印象深刻。

我们从他们口中得知,亚雷赫回到家时非常疲惫,但是安全又快乐。他晚上睡了一个好觉,隔天早上食欲不错,现在人在他祖母家看卡通。傅里曼医生午餐后曾到他们家和亚雷赫聊了一会儿，他认为亚雷赫并没有受到虐待的迹象。事实上，他说他发现亚雷赫很友善、很健谈，还想拿一个新玩具给他看。

"我们需要了解的是，席拉，为什么会发生这件事。"罗森泰博士说。

我身旁的席拉低下头，她没说话。

"那是不对的，我看得出来你已经知道了。带走亚雷赫，让他的父母亲很担心，我们也都很担心你和亚雷赫的安全。"

"我知道我惹了许多麻烦，"她含糊地说，她的头还是没有抬起来，"我很抱歉，我不是故意的。"

"为什么会发生呢？"罗森泰博士问。

"因为我以为……"她抬起头，看着会议桌对面的班克·史密斯夫妇，"因为我以为他们要把亚雷赫送走。"

"所以你认为把他带走比较好？"

她点点头。

"你现在还是这么想的吗？"罗森泰博士问。

席拉好久都没有回答。她的双手放在大腿上，扭绞着，看着自己的关节变白。她终于看着罗森泰博士："是的，我还是这么想。"

"当时你准备对他怎么样？"罗森泰博士问席拉。

她耸耸肩："我不确定。可是我不会伤害他，如果那是你要问的问题的话。"

"不，我不认为你会伤害他。"罗森泰博士回答。

席拉深深吸了一口气，抬起头来："我已经惹了麻烦，所以我或许可以说说我的想法。"她转过去面对班克·史密斯夫妇，"别把亚雷赫送回去。他对自己这个样子也很无助。他只是个孩子，并不知道不聪明这件事是不被人接受的，不知道自己因为一些事情受了伤，不像其他孩子一样好。"

这会儿轮到班克·史密斯夫妇低下头了。我看见班克·史密斯医生的眼里泛着泪水。

"我并不是有意要引起那么多混乱的。我并不认为我会引起混乱，因为我以为反正你们已不想要他了。"她说。

"不是那样的，"班克·史密斯医生含着泪水说，"我们真的爱他，并没有要把他送到别的地方。"

班克·史密斯先生点点头："席拉，我很抱歉让你以为我们不爱他。我想，如果这件事有什么收获，那就是让我们知道我们有多爱他。"

最后，班克·史密斯夫妇决定不对席拉提出诉讼。事实上，他们在会议上一直用相当宽容的态度对她，这使我怀疑，或许罗森泰博士私底下曾和他们谈过席拉的状况。不管怎么样，这是痛苦和恐惧带来成长的少数情况之一。我认为，经历过这件事之后，我们全都变成了更好的人。

会议结束之后，我和席拉的父亲谈话时，提议让她和我一起回家,晚上我再送她回百乐汇。会议进行期间他一直没有开口,这时他依然保持沉默。我猜,他以前曾经因为惹麻烦而受到当局的扣押,所以还不太能接受事情已经解决的事实。不管怎么样,这整件事让他有点困惑,因此似乎不太在乎席拉去什么地方或什么时候回去。我心里也怀疑,他是不是处于吸了毒的兴奋状态,还是刚从兴奋状态中结束。

席拉也很惊讶事情就这样落幕了。我原本以为她会高声欢呼,顺便想大肆庆祝一番,却发现她异常平静,还有一股想要碰触我的冲动。当我们站在会议室里和她父亲说话时,她把手臂滑进我的手臂里,整个人就这样靠在我身上。我微笑着把手臂放在她的肩膀上,接着她就给了我一个热情的拥抱。

我也抱了她一下,但之后我就想和她分开。席拉却依然抱着我。"这样的感觉真好,"她低声说,"别放手。我不想再失去你。"

我带席拉到外面吃比萨,然后去打保龄球。我想,她或许因为刚才和那些人开会还很累,因为她根本就没打,不过似乎玩得很尽兴。走出保龄球馆,我注意到对街购物商场的综合剧院里正在播放迪斯尼的"森林王子"(Jungle Book)的广告,于是冲动地问她想不想去看。我们去了。

走出戏院时,天已经暗了,我知道应该送席拉回家了,尤其是开车到百乐汇要整整一个小时。

车程中的头十分钟我们聊得很愉快,我们讨论电影,但之后我们两个人都没有再讲话。我感觉到席拉那时累了，坐车让她平静下来，我觉得不需要讲话。我们开了几里路之后来到城边，高速公路的灯不见了，我们驶进黑暗的乡村。

车子快速行驶在黑夜中时我都在思考。我想到，尽管有过去几天发生的事，或是由于这些事，让我们的关系成为自从重逢以来最好的状态。虽然就许多方面来说，那是令人心痛的一天，但在感情上是有价值的。

"你不会再那么做了吧？"席拉轻声地问，"现在那些都过去了，对不对？"

我看着她。

她坐着，头靠在防滑肩带上，注视着前方的黑夜："我记得那个晚上。"

我绞尽脑汁回想她所指的是什么事，最后我放弃了。"我不太确定你在说什么。"我说。

"你知道的。你留下我的那天晚上，你走的时候。"

"我走的时候？走到哪里？"

席拉坐直身子，望向我："你记得的，你当然记得。我在车子里面玩，你要我别玩了，还要我下车。"

"什么时候？"

"我小时候。我在你班级的时候，班级课程结束的时候。那天晚上。"她的声音中开始出现激动的迹象，"你要我坐到车上，要大家都坐到车上。你在做什么?"最后这个问题她是问她自己,不是问我:"带我们出去吗?去痛快地玩一玩吗?像今天晚上。"

我困惑了一会儿,试着回想她说的是什么事,可是我唯一在晚上开车载席拉出去就是听证会后查德和我带她去吃比萨那一次。"我不认为那是我。"我鼓起勇气说。

"是,就是,我记得,而且我们在路上。我记得有灯过去,街灯,然后是黑暗,就像这样。你把车停在路边,然后叫我打开车门下车。"

"那不是我,席拉。"

"是你,因为我记得你的车,那辆红色小车,你管它叫'宾果'。你常用它载我们大家,然后我们会唱那首歌,BIINIGIO,为那辆红色小车。"

我露出微笑:"是啊,我记得那辆车,因为那是我的第一辆车。可是我只带你们这些小鬼出去两三次,而且绝对不是晚上。"

"是晚上,"她坚持道,"我们都坐在后座。我的一边是门,另一边,我的旁边是杰米?不对,没有什么杰米,对不对?比利吗?不对。嗯,我不记得他的名字了,可是他就在我旁边,而且我们正在玩,很吵。我想一定是吵死了,你要我们闭嘴。闭上嘴巴,否则你就要停车,让我们下车。我们只是在玩,可是你真的很生气,我好害怕,所以我闭嘴了。那就是让我这些年来那么难过的原因,桃莉,因为我闭嘴了。可是杰米没有闭嘴,他吵得好大声,于是你把车子开到路边。我记得很清楚，因为车子突然停了下来，而我们全都大声尖叫。然后你说：'出去。'那时我在哭。我知道吵的人不是我，可是你很生气，我害怕说那不是我，而且我看得出来我得下车。之后你就把车开走了。"她深深吸了一口气："我的意思是，哦，那正是自从你回来后我就一直很不安的原因。你不断说：'记得这个吗？记得那个吗？'如果我试着去回想当时发生的事，我所想到的就是你抛弃了我。你让我以为我很特别，然后你又把我推出去。"

我被吓到了，我望向她："席拉，那不是我！"

"是你，因为我记得你的车。"

"那不是我，是你母亲。而且坐在你旁边的不是杰米，是吉米，你弟弟。你把我和她搞混了。"

席拉一副不知所措的表情："是你，你就是那个抛弃我的人。我不记得我母亲了。"

我看到路边有个休息站，于是把车开进去。那里面有很亮的灯，与车内的黑暗相对照，所有的东西都变得很明显，因此我看到了席拉脸上的恐惧。她正陷在混乱的回忆世界里，我想她可能会认为我现在会叫她下车，所以我匆忙关掉引擎。事实是，我们两个人的谈话内容太震撼了，以致无法谈下去，而且我还得注意行车安全。我知道这件事需要专心处理。

"席拉，我从来没有在晚上开车载你。听证会后，你和我是搭查德的车，而我们班级户外郊游时，你是搭过我的车两三次，除此之外就没有了。"

她像瘫痪一样地坐着，两眼直视着前方，没有焦点，好一会儿都静止不动，接着她慢慢地摇摇头。"我记得那件事，"她轻声地说，带点困惑，"你要我下车。你伸手到后面，打开车门。我好害怕。我在哭而且好害怕，所以我不会开门。我听得见汽车经过的声音，我只是哭，一直哭，都没有人理我。"

"那不是我。"我轻声地说。

"我很肯定是你。"她回答，声音往上扬而变成啜泣，泪水流下她的脸颊。她用双手盖住脸，身体往前倾，"不，哦，不。"她惊慌得哭泣。

我越过座椅中间的空间，伸出双手紧紧地抱着她："那是因为我也抛弃了你，对不对？我很抱歉，小可爱，我一直不知道那样的伤害有多大。"

不辞而别

一直到下一个周三,我才发现已经很久没有席拉的消息了。我打了电话,但没有人接。

最后,亚雷赫"绑架"案的唯一结果是,罗森泰博士和亚雷赫的父母都认为,最好席拉不要再回到暑期班来。这一点可以理解,而且我们都同意这么做。反正只剩下最后一个星期的课,那样并没有什么差别。

因为席拉没有回学校,所以我一直到下一个星期三晚上才有机会再见到她。那天下午她打电话到诊所给我,问她能否到我家。她的声音听起来很愉快,但相当寂寞,所以我同意晚餐时让她为我做她拿手的鲔鱼蘑菇汤。我回到家时发现她坐在公寓大楼外面的台阶上,大腿上有个装了杂货的纸袋。

"你实在不该花钱的,"我说,"那些材料我可能都有。"

"没关系。我想补偿你周六晚上的事，还有周日。"她从台阶上站起来，跟着我进入公寓。

那天晚上席拉相当开心。和五月份我们重逢时所看到那个沉默、不高兴的少女比起来，这时的她热心、爱说话，而且很随和，事实上，会让人想和她在一起。然而，她的快乐之下潜伏着一股暗流，某种痛心的事让她相当容易受我影响。

我们有很多事需要好好谈谈。了解到席拉周日晚上把我和她母亲搞混，把我的离开和她小时候被人遗弃混为一谈，让我十分震惊，我想，她也一样，当时我们两个人都被情绪所控制，无法再做深入的讨论。然而，我真的很想和她讨论那件事。因那件被披露的事而产生的观点，使我用全新的观点来看整个情况。

问题是，那天晚上的那个议题并没有自然地出现。或许我们仍然太过茫然，还没准备好要讨论，我不知道。不管怎么样，我们的谈话始终回避那个议题。

席拉不断变更话题。她相当健谈，而且第一次地似乎十分渴望全力释放自己的脑力，描述着她认为最特别的科目给我听。例如，她对计算机相当拿手，还跟我讲了不少有关在学校计算机上设计程序的事。由于仍旧非常喜欢罗马历史和恺撒，因此她曾想出一个点子，试着在一部计算机上扩充一个程序，让这部机器能建构出让你可以走进去的罗马建筑物的3D模式。我知道学校计算机是什么样子，却无法想象她想修改哪一个程序，但听她讲话相当有意思。

所以，那个晚上过得很愉快，像是朋友对朋友，而不是老师对学生或治疗师对病人，而或许事情就该像这样。一直到最后，当时间愈来愈晚，我知道我得送她回家，否则第二天我就不用上班了，席拉才稍稍触碰到那些问题。她变得相当忧郁。我认为她原本计划好要在我家住一晚，现在无法留下来，必须回家，让她很难过。

"你知道吗？"她说，这时我正要起身去收拾我们散在起居室里的零星杂物，"我甚至不记得我母亲了。我的心，哦，完全空了。我甚至从没有看过她的照片。爸也没有，所以她可以长得像任何人。"

一阵沉默到来，只听到我拿起马克杯时杯子轻轻碰在一起的声音。

"我在人群中时会到处看。我看着不同的脸，然后心想，她是我母亲吗？我不会知道，而且她也不会认得我。那种感觉，哦，桃莉，好诡异，我的意思是，想到这件事的那种感觉。这个女人怀了我，创造了我，我的一半来自于她，可是我在街上甚至认不出她。"

席拉还坐在扶手椅里，台灯的金色钨丝灯光照着她。我把盘子拿到水槽后又回到起居室。这段时间，席拉的视线一直跟着我。"你想她为什么抛弃了我？"她问。

我从台灯的亮光中可以看到她眼中的泪水。泪水并没有掉下来，可是她的头移动时，泪水微微闪烁着。

我停了一会儿，为的是想找出最好的答案。我还没开口，她又继续说下去："桃莉？你认为事情会有好结果吗？"

"你的意思是，你是不是要去找你母亲？"

她耸耸肩："不，未必。只是事情将会变好吗？你怎么看？我是不是有机会做个正常人？"

我慢慢地点点头："没错，我是这么认为。那将表示要接受一件可怕的事，也就是你母亲抛弃你……两件可怕的事，因为我也抛弃了你。我不是故意的，或至少我不是故意要让我所做的事感觉起来像那样，可是现在我看得出来它是。还有，那表示要接受或许那两件事都不得不发生，因为情况不会允许有其他的结果，但它们都不是你的错。那些事发生在你身上，可是并不是你造成的。还有，最后，你必须原谅，让事情过去。"

"你认为我做得到吗？"

我点点头："可以。需要力量，不过你一直都是老虎。"

* * *

那个星期我都没有再见到席拉。暑期班已经进入最后的阶段，我们忙着开家长会，做诊所评估。接下来周末到了，亚伦和我依我们原先的计划到外地观赏芭蕾舞剧。一直到下一个周三，我才发现已经很久没有席拉的消息了。我打了电话，但没有人接。

我不是特别擅长于和别人联络。我不喜欢用电话，也不喜欢因为打电话而耽误接听者很多时间。很多朋友知道我这个坏习惯，都会主动和我保持联络。所以席拉通常也是这样，向来都是她打电话给我。该由我来打电话时,通常又过了三四天,我才想到再打电话给她。她家的电话还是没有人接,这时,我真的开始担心了,因为自从五月我们重逢以来,我从来没有整整两个星期没有她的任何消息。

没人接。没人接。没人接。然后,在席拉到我家来帮我做晚餐那个晚上之后三个星期的星期四,我又打了一次电话到她家,这次是电话录音:本线路已经无法接通。

我第一个想法是,蓝斯塔先生没付电话费。基于对他的了解,这种情况当然是有可能的。尽管如此,我还是觉得很不安。所以,下班后,我就打算开车到百乐汇亲自去看一下。

由于距离和交通状况的关系,我一直到八点过后才到席拉家。当我的车开到那栋灰褐色的双联式公寓前时,街道已经暗了。左边另一户人家的灯已经亮了,还传出电视的声音,但蓝斯塔家则是一片漆黑。

我敲敲门,没有人应门。我又敲了一遍,还是没人应门。我走到房子旁边看看有没有第二道门,我又敲了那道门。他们显然不在家。我走到房子另一边,踮起脚尖,想从窗子往里面探探究竟。

"嘿,你在做什么?"有个声音说。

我吃了一惊,整个人往后退,看到有个人从另一栋公寓的大门那里探出头来。"哦,你好,"我说,"你知道他们上哪里去了吗?好像没有人在家。"

"他们已经不住在这里了,"他回答,"他们大约三个星期前就搬走了。"

"搬走了?"我惊讶地说。

"是的。"

"他们会搬去哪里?你知道吗?"

"不知道。很抱歉。"之后他把门关上,并且消失了。

我像是被打败似的,就站在房子旁的人行道上注视着那栋房子。搬家了?席拉从没跟我提过搬家的事,而且那个周末看到蓝斯塔先生时,他也没提到什么。他有一份稳定的工作,有他的棒球队,他们为什么要搬家?还有,搬到哪里去?

席拉和她父亲消失了,这让我简直无法相信。接下来几个星期,我的情绪经历了各种转变:震惊、愤怒、惊慌、懊悔、悲伤,非常悲伤。三个月来,大部分的时间我都用在改善和席拉的关系上,然后,她就这样完全消失了。

我就是无法相信。我和杰夫一遍又一遍地讨论整件事,试着苦思他们可能的去处,还有我错过了什么样和他们离开有关的征兆。我们一起努力找出他们的行踪。这远比我想象的还要难。我们没有任何法律上的理由可以寻找席拉或她父亲,所以直接探询并不是可行的办法。我不愿意说谎或是伪造我的意图,所以除了合理的推论、坚持和好运外,我别无他法。前面两项我或许足够,但好运,则需要等待了。

虽然我很不愿意这么想，但我第一个想到的就是蓝斯塔先生又犯了法，又回去吃牢饭了。由于隐私权法的关系，我找不到任何同意确认这一点的人。当我四处碰壁时，查德似乎是我唯一的机会，所以我打了电话给他，问他能不能查到消息。他相当维护当事人的隐私，不愿意说太多，但他确认了蓝斯塔先生并不是他们公司的当事人。这似乎降低了他又进监狱的可能性。

杰夫认为他们或许只是逃走而已，逃避账单或是放高利贷之类的危险人物。他说，如果我们运气好，或许他们还在城里，只是得等席拉和我联络。我认为，不管怎么样，那只是把事情简化了——等待席拉。她知道我在什么地方，而且和之前的情况不一样的是，她已经大到可以主动来找我了。

总之，事情就是这样。席拉再次消失了。

第三部

席拉给母亲写信

我把给我的信拿起来,看着下面那几张笔记本纸。每一张都是写给席拉母亲的短信。

席拉并没有和我联络。夏去秋来,新的孩子进来了,和新的孩子的感情也建立了起来,我的工作持续进行着。

之后,到了十月,我的运气来了。经由一连串的偶然机会,我发现蓝斯塔先生回到了玛丽斯维尔州立医院的戒毒中心。我试着打电话给他,但没有成功。所以,到了"哥伦布日"(Columbus Day,十月的第二个星期一)那个长周末,我就开车过去。

我到达戒毒中心那天是个温暖晴朗的秋日午后。白杨木和桦木都已经变成黄色加金色的明亮遮荫,被秋天阳光的长辐射线照耀着。

蓝斯塔先生看到我似乎没有很惊讶,也没有特别高兴,然而他很乐意和我一起到访客区。

"你为什么就是不能别管我们的事?"我问起席拉时他说,"你对她没有什么好处。"

"你是什么意思?"我问。

"你把事情都搅乱了。你来之前她都很好,很安分,我们也没有问题。"

我注视着他。

"所有的事情都是你引起的。你让席拉难过,我不想再看到你。在你来搅局之前,席拉一直很安分。"

"我并不是有意让席拉难过的,"我说,"我不知道我会让她难过。"

"你把不属于那里的观念放进她的脑子里。你来之前她都很快乐。"

"可是我们谈的全都是席拉想讨论的事。我想她需要有个人和她谈谈发生在她身上的事。"

"她发生过什么事?她发生过什么事?她自己什么都没做,是你促使她做的,让她偷了那个小男孩。如果你没有让她那样,事情绝不会到那种地步。她本来很好的,直到你来。"

"我很抱歉,可是……"

"所以,别再管我们了,好吗?别再和我们往来了。席拉不需要你的帮助,而我也不希望你再见她。我有权利,我可以阻止你。"他讲完就起身走回中心。

我平静地走回车子里。直到坐上驾驶座,我才开始感受到挨骂的怒气。我?我的错?真是个蠢男人。

然而,不可否认,那次见面的结果是,他无意告诉我席拉在什么地方。要说有什么让我可以确认的,就是他确定我没找到席拉,或是如果我去找她,他会阻挠我。我万分沮丧地返家。

冬天来了,又到了新的一年,提醒记忆的事物却一直都在。一月某个下午,亚雷赫的父母亲顺道过来告诉我,他们已经正式收养亚雷赫了。他现在就读于一个轻度弱智的特别班级里,而且进步不少。还有一次,我母亲寄给我一份食谱,里面有鲔鱼蘑菇汤。而在一个寒冷的二月下午,查德带着他的席拉来到我的办公室。他到城里来出差,而他已经六岁的女儿是第一次单独和爸爸出来旅行。打扮得完美无瑕的席拉开朗、友善而且相当有礼貌,把她父亲买给她的一个小型手提电脑游戏机拿给我看。和她的童年相较之下,另一个席拉的童年是很不堪的。

我还是抱着希望,每天傍晚回家时都会仔细查看有没有席拉写来的信,但是什么都没有。冬去春来,转眼间夏天又到了。

我们再次开办暑期班,这次比去年熟练多了。我们有二十四个孩子,分别安排在三个教室里,有三位专业教师、四位助理和轮流到现场的精神科医生。杰夫每周只来一次,而我则每天都在那里,担任监督职位,在各个教室之间走动。我认为课程很棒,但缺少前次课程的那股热情魔力。

七月初,我注意到席拉的生日就要到了。她即将满十五岁,紧接着而来的就是她失踪满周年的日子。我忍不住猜想她此刻在什么地方、在做什么事。

暑期班课程结束时,我请了一个月假到韦尔斯(Wales,位于英国西南部)。英国北部山区那个贫瘠、雾气弥漫的小角落已经变成我的第二个家。我一直不是很确定一开始那里是什么东西吸引了我,但是让我再次回来的理由我却深信不疑。在石南属植物和石板墙之间,我发现一种天生的真实感。那是一种有机的东西,来自我体内,当我回到那里寻找平静时,它总是不会让我失望。

那个夏天,我在当地找到一群好朋友,我们一起分享对山的喜爱。白天,我漫步在飘雨的荒野上,与许多韦尔斯牧羊人交谈。傍晚,则在当地酒吧的煤炭炉火边消磨时光,尽情地享受爱尔兰健力士黑啤酒(Guinness)以及韦尔斯腔调。城市、诊所和我之前的生活,就像雾从海面升起时的山脉一样,消失了。

就像所有美好的假期一样,这次假期结束返家时,我也是筋疲力尽,几乎无法直接思考。我步履蹒跚地踏出飞机,拦了一辆出租车进城,之后再慢慢地走上我家公寓的楼梯。我放下背袋,搜出房子的钥匙去开门,或者说得确切一点,试着去开门。从信箱孔被推进去的邮件都掉在地上,当我推开门时,邮件全都塞在门下面。我花了几分钟才从门下拉出足够的邮件,让自己得以进入公寓。

一进门,我就弯身下去清理剩下的邮件,这时我看见一封信。

我立刻认出那是席拉的笔迹。我撕开那封信。

亲爱的桃莉：

我不是很清楚该从何处下笔，可是我想我就要自杀了。我拿到药丸了，它们就在这里，而我只剩下这封信还没有写。我觉得好孤单，桃莉。任何东西似乎都对我起不了作用，而我已经他妈的累到不想尝试。这是唯一有意义的事。

可是我想先写信告诉你这件事，想谢谢你为我所做的一切。我知道有几次你特别努力，而且想到你会这么做我真的感到很荣幸。我要你知道我一直心怀感激。我很抱歉事情不能有好结果。

爱你的席拉

信纸最下方有一排O和X，表示拥抱和亲吻，这是小孩子写信的方式。

我快速搜寻了一下日期，可是没有找到。我把信封翻过来，看到邮戳时吓了一大跳。那是我到韦尔斯之后两天寄出的，整整四个星期之前。我难过得瘫在那里，只是盯着那封信。

信上有地址，显示席拉在一所团体之家。这所团体之家在城东一个小区附近，大约一个小时的车程。可是我现在又能做什么呢？已经过了四个星期。别人会怎么处理这件事？打电话到团体之家去问席拉是不是还活着？我了解席拉的个性，她不是那种故作姿态的人，如果她说要自杀，十之八九会这么做，而且我不知道怎么应对这类电话。

不幸的是，我这次回来面对的混乱并不是只有这件。我带的另一名孩子攻击了一名护理人员，然后跑掉了，而他选择在我回来的这个特别的傍晚搜遍了杰夫和我的办公室，为的是寻找一把我从他那里没收的自制刀。这个问题的突发性，加上来自当局要处理这个孩子的压力，还有经过二十四小时才从国外回来的疲惫，让我不知道该如何处理席拉的来信。拿着这辈子所收到的最糟糕的信，我很惭愧地承认，我什么都没做。

我无论如何也忘不了那封信，它日夜不停地折磨着我。在短暂、安静的时刻，尤其是深夜醒来时，那封信一点一点地吞食着我。我的问题是，我根本不知道如何处理它。我真的相信席拉会去做她威胁要做的事，所以我不知道要如何还有向谁去确定这件事。另外，想到她在绝望的时候写信给我，根本不知道我无法回应，我就觉得很难过、很惭愧。她会以为我就像其他人一样，遗弃她了。

所有这些事给了我一个意外且相当不受欢迎的强烈自我检视。我辜负了席拉，那已是底线。此外，我也忍不住认为我就是那个害她的人。我在她六岁时为她打开了难以想象的世界，而且就像她之前清楚表示过的，我让她以为她可以拥有那些世界。当时既年轻又满腔理想主义的我，真的认为那是可行的。当她想成为聪明、有条理、迷人、可爱的人，而且充满坚定时，她就一定可以做到。我原以为自己给了她通往更美好人生的护照。现在年纪稍大，智慧也稍长时，我才明白事情似乎没有那么简单。

接下来的几个月，我生活的许多方面都艰难又分崩离析。我的病人名单排得满满的，名单上的孩子比平常更需要分类。我曾两次遭受到身体上的攻击，还有一次差一点就被强暴。更糟的是，我的病人有一半以上都没有什么进展，长时间的付出所得到的回报却很少。

我开始对诊所资本主义的风气感到愤怒，知道我只能治疗那些付得起账单的孩子，而不是需要治疗的孩子，让我感到很不安。这导致我得花费宝贵的时间为某些我认为真的需要继续治疗的孩子寻找特别基金，并且对那些在学校或是家里就可以处理、但那些有钱的家长却坚持要治疗的小问题感到憎恨。

然而，最大的打击出现在隆冬时节，杰夫在不幸的情况下离开了诊所。我对同事们的男女关系并没有什么兴趣，只要那和工作相关的事务或是我和个人的关系不相冲突就好。虽然我知道杰夫是同性恋，但是这从不会对我们在一起工作造成影响，因此我也从不会去注意。令人难过的是，社会却很在意这点。当诊所的董事会发现他的性偏好时，便认为让杰夫与小孩进行一对一的治疗并不妥当。杰夫获得带着优良推荐信安静离开的机会。在认为没有其他选择的情况下，他照做了，转到加州治疗酗酒病患。

我震惊极了。我们一直共同负责好几个个案，并且已建立伙伴式的治疗方法，现在他突然要离开，我便与董事们协商让他留到最后。他们拒绝让步时，他气得冲出诊所。因此，对他的离开我并没有准备，还被留下来收拾善后。好多事等着我去完成，我一直忙得很不开心。

那年冬天唯一开心的事就是交了一位名叫修的新男友。亚伦早已经成为过去式，我在几个月以来令人害怕的约会仪式里被判出局了。之后，这位大帅哥带着顽皮的幽默感和布满死掉虫子油漆的十年老福斯汽车出现了。我们是那种古老谚语说的相反却相互吸引的绝佳例子，因为修和我是天造地设的一对。修和亚伦及查德是完全不同的典型，是一个自力更生的大学辍学生，二十一岁时的他把该拿去上学的钱全都用在驱除害虫上。他有机灵的生意头脑，还有在别人家的地下室以及阁楼里驱除小生物的热诚，而且十年之后，他拥有城里最成功的驱虫公司之一。

他最吸引我的就是他的幽默感，这一点远远超过他其他许多优点。在我严肃异常的职业里，幽默常是我抓来让自己免于沉沦的救命稻草，所以我很容易就会爱上能够在人生比较无趣的情况下欣赏有趣一面的人。

那年的春天来得很慢，又干又冷的冬天一直持续到三月，而接着，暴风雪又降临四月，困住了我们，使整座城瘫痪，并且把少数已经出现的春天征兆毁了。

在诊所里，我和同事们争论着暑期班的命运。许多原先由杰夫负责的暑期班工作都已由傅里曼医生接手，而且，在没有征求我意见的情况下，他就申请将暑期班扩充为两个地点，同时已获得批准。现在，我们要服务四十八个孩子，包括一群患有严重自闭症的孩子，而他们并不是诊所的病患。我意识到这个计划背后的营利阴谋，因此非常生气。我希望那些来上课的孩子的后续情况是我们能继续追踪和掌握的，可是现在那似乎不是那么重要。我在暑期班几乎已经没有什么立场，最后，我放弃了。或许那是个很好的课程，但和两年前杰夫及我所设想的相差甚远，所以我决定把它完全交给傅里曼医生。

五月到了，也带来了一位名叫朱利叶斯的新办公室伙伴。他在各方面都和杰夫有很大的差异，包括外表和行为举止。他年近五十，身材矮胖，该有的白发也已经出现。他担任泌尿科医生多年，现在转任儿童精神科医生。他说话语气温和，作风十分绅士，机智过人，自信满满，因此我喜欢他。事实上，愈了解他，我就愈喜欢有他做伴。他平易近人，而且很懂得举一反三，那表示我们的谈话可以跳跃式地往各方向进行。但他不是杰夫。我仍然非常想念杰夫，花了很长的时间才习惯另一张桌子上的新面孔。

然后，六月的一个傍晚，我回到家时发现在地板上的信件当中有一个厚厚的信封，我立即认出那是席拉的笔迹。我在惊讶之下撕开了信。里面有十三张笔记本纸，第一张是给我的一封短信：

亲爱的桃莉:

　　我一直想写信给你,可是在上一封信之后,我不知道要如何下笔。不管怎样,我人还在就是了。

　　我把这些寄给你。我原本想把它们寄给我妈,可是我不知道她在什么地方,所以我就把它们寄给你。希望你不会介意。

爱你的席拉

我把给我的信拿起来,看着下面那几张笔记本纸。每一张都是写给席拉母亲的短信。

亲爱的妈咪:

　　我希望能见到你,希望知道你的长相。我曾试着要找一张你的照片,可是爸爸没有,而且好像谁都没有你的照片。我想认识你。你有没有和我一样的金发?是直发吗?你的眼睛是蓝色的吗?我每次外出都会看着经过身边的妇女。我一直在找可能认得我的人。你长什么样子?我想如果我知道,我的感觉会比较好一点。

亲爱的妈咪:

　　你为什么要走?这件事一直困扰着我。我的意思是,你怎么不带我走？我有那么坏吗？我是不是一直很多嘴还是怎样？我和吉米会吵架吗？还是你只是厌烦了有两个孩子？

亲爱的妈咪：

你是因为爸爸的关系而走的吗？我现在已了解他，他没办法不去碰那个东西。这一点也让我很生气，让我想翘家。你是不是因为这个缘故？你会不会就是因为已无法忍受？

我把信折好，放回信封里，注视着信封上我的名字。信封角落上是一所团体之家的名字，和她之前那封信一样。我走进厨房，拿起电话，拨了查号台。

农场重逢

> "嗨。"席拉犹豫了好久,然后突然冲进我的怀里,紧紧地抱着我不放。我用双臂环住她,也紧紧地抱着她。

杰夫之前的猜测没有错,蓝斯塔先生之所以突然离开是和债务有关。但是我们所不知道的是,他并没有说实话,他仍然经常嗑药,而且牵扯到某些难缠的黑社会头目,使他债台高筑。他和席拉在麻烦即将到来之前逃走了,就像他们之前显然已经做过多次的事一样。

不过,几个月之后,麻烦还是找上了他,是法律上的麻烦。他被判违反药品法的轻罪,又被送到州立医院的戒毒中心,也就是我之前见到他的地方。在这同时,席拉被安置在他遭到逮捕的那个小区的儿童团体之家里。

这种情况让席拉相当不高兴,于是她逃走了。这导致她被安置在一个寄养家庭里，而当她又从寄养家庭逃走时，就被转到离城东边约一个小时车程的乡下的一所儿童团体之家。那种地方就是一般所谓的"儿童农场"，是一个封闭场所的委婉说法。去年夏天席拉那封自杀的信就是从此地寄出来的，我最近收到的那一堆信也是。

一得知席拉落脚的地方，我立即打电话给农场的主任珍·堤蒙斯。

"你说，你是从桑德拉诊所打来的？"她吃惊地问，"席拉·蓝斯塔曾经在桑德拉接受治疗？谁付的账单？"

我对这似乎非常无礼的问题很生气，尤其是我完全是个陌生人，因此我只解释我和席拉很久以前的关系，但并没有详细叙述我们的关系已经是非职业的，而是一种个人关系。通了三十秒的电话，我就知道对方是个重视金钱和地位的人。我来自桑德拉这家知名且昂贵的私人诊所这件事，或许比我所有的专业资格加在一起还要有用。如果我说我只是一个朋友，我有可能会被视为像席拉父亲之类的人，而不会获得白天探视的机会。

珍·堤蒙斯告诉我，席拉到农场刚满一年，大体上来说，她是个很难相处、不合作的女孩，很难与人融合，而且即使有朋友，似乎也很少。她曾有三次的逃跑记录，都被他们挡了下来，其中有一次席拉已经跑到河边，因此不得不报警处理。

我问她有关农场的一般理念，而她确认了我原先所预测的情况。他们实行的那套计划相当依赖行为修正制度，孩子们必须通过分数来赢得所有的特权。我同时也问了席拉离开农场的可能性。珍表示，蓝斯塔先生接近圣诞节时可以获得假释，到时如果社会服务部认为适当，席拉就可以回到他身边。

由于珍·堤蒙斯以为我要以专业立场去探视席拉，因此我们的见面并不是依席拉所获得的分数而定。这真是不幸中的大幸。像席拉这种既情绪化、脑筋又好的人，行为修正制度用在她身上是注定失败的。

我在席拉十六岁生日之后那个周六来到农场。我出来时，天气晴朗、炎热，接着是一段很长的干燥气候。农场位于一条干河床边，是由好几栋低矮的现代建筑所组成的。农场上一棵树都没有，而草坪在炎炎夏日之下已经变成黄棕色，只有带刺的铁丝在太阳下闪闪发亮。

由于那天是周末，珍·堤蒙斯不在，但负责的那位年轻人相当高兴地接待了我，然后把我转给其中一位辅导员荷莉，她负责包括席拉在内的一群孩子。她带我到后面的女生宿舍去，席拉正在她的房里等着。

那个地方相当安全，无数道厚重的门都上了锁，窗户也装上了厚玻璃，里面还嵌入铁网，永远不会给你真实的想象。席拉的房间在左边最后第三间，门是开着的。门是颜色变淡的橡木做的，上面有个小小的方形窗和一把插锁。席拉正盘着腿坐在床上。

"嗨。"我说。

"嗨。"席拉犹豫了好久,然后突然冲进我的怀里,紧紧地抱着我不放。我用双臂环住她,也紧紧地抱着她。

在门口的荷莉注视着我们。我越过席拉的头看着她:"你能不能给我们一点时间?"

她停了一会儿,接着点点头:"是啊,没问题。"

在这调解的两年期间,席拉的改变很大。她长高了,可是也变瘦了,瘦太多了,看起来好单薄。古怪的衣服不见了,取而代之的是一件不再奇怪的牛仔裤和蓝色T恤。那头鲜艳的头发也消失了,大部分的烫发也一样,而且留长了刘海,或者说大部分已经留长。这种结果根本算不上一种风格,而是一种深金色发根、卷曲的彩色发尾的乱七八糟组合,有一点散开、突出,全都是在没有注意的情况下长得太长了。

席拉像我仔细看着她一样地仔细看着我。"你变老了,你知道吗?"她说,"你有皱纹了。"

"我的天,谢了。"

"只是我从未想过你会有皱纹。"

"我们大部分的人都会有皱纹。"我说着坐到她室友的床上。

那个房间又小又简朴,不比一个小隔间大多少,真的,大约只有八尺乘以十尺那么大。最后面有扇窗户,两张铁床上铺着相当鲜艳的粉红色床罩,席拉的床尾还有一张桌子。她的室友名叫安琪,她在她床头上方的墙壁上贴了一些摇滚明星的海报,枕头上还靠着许多填充动物。席拉则什么都没有。

我看了看四周，之后又看着席拉，这会儿她又盘着腿坐在床上。虽然她很瘦，而且没有打扮，但还是非常吸引人，不过她有一股我之前没有发现的忧郁。

"那么，你结婚了吗？"她问。

"结婚？我？"我惊讶地问，"没有。为什么这么问？你认为我应该结婚了吗？"

"是的。你和杰夫。"

"杰夫和我？杰夫和我是……我的意思是，不是那样。我从来没有和杰夫交往，我们只是朋友。同事，真的。除此之外，没有进一步的关系了。"

她偏着头，一副怀疑的表情。

"你呢？"我问，"你有没有男朋友？"

她没回答。她沉默了一会儿，只听到心跳的声音，之后又看着我："那么，杰夫人呢？他也会来看我吗？"

"不会。"我说，而席拉的脸垮了下来。

"哦，我希望他会来，"她难过地说。我倒是从没注意到这一点，因为我始终认为她讨厌他。

"他现在在加州。"我说，而且还思索了一会儿要不要把他的事告诉她。我想我应该说，而且要说清楚他是被迫离开的。

席拉全神贯注地听我说着，她的眉毛皱了起来。我讲完时，她微微摇摇头:"走了?他永远走了?"

"我想恐怕是如此。"

"哦,杰夫,"她摇摇头,轻柔地喃喃自语着,"如此重大的消息应该用雷鸣般的巨响公布出来。世界受到如此的震动,狮子都要狂奔到市街上了,市民反而藏匿在野兽的洞穴里。"

听到这些话,我知道它们是引用的句子,可是不知道出自何处。

"你不懂这些话吗?"席拉问。她弯身到床边,从床下拉出一个扁扁的盒子,把盖子打开。她伸手到里面,拿出那本杰夫在她十四岁生日时送给她的莎士比亚的《安东尼与克莉奥佩特拉》。书本的封面已经很老旧,有好几个地方都用胶带粘着,还可以看到有几页已经松脱。

一阵突如其来的巨大沉默。席拉把书放在膝上,两眼盯着书的封面。而我只是坐着,不知道该说什么。

最后,她开始轻轻地说了起来:"我一直在想他为什么给我这本书。我想,多蠢的礼物啊。我的意思是,谁会想读莎士比亚?为了好玩吗?某个穿着坚固黑鞋和弹力长袜的落伍老女人。那可不是我,这一点是相当肯定的。

"接着,有天晚上,我被困在警察局里等待着。我没有任何东西可以打发时间,所以我就开始读它。它不是那么容易读,要习惯那种语言很难,现在看来那真的很奇怪,因为现在我读起来却似乎相当容易。可是那第一个夜晚,我是很费力的。然后我想,他究竟为什么给我这个?

"后来我来到这里,而这,哦,就像待在一座沙漠里。如果你没赢得分数,就别想依他们的方式玩游戏,就只能坐着。那真的很无聊,你知道,他们就用那个控制你。"这次她的微笑比较神秘,"所以我又开始读它了,而且从头到尾读完。读完后,我又重新读了一遍。一遍又一遍。我向你保证,我在两天之内读了十次。然后我认为,这个故事好美。这个女人好棒,好厉害。而这个男人为了她付出了全部,一步一步地走出自己的世界。而且……哦,他们大半时间都没有好好和彼此讲话。他们爱在心里,但在现实里,他们总是意见相左,总是在争执,互相揶揄。

"我的天!我在读这个故事时,它让我……要怎么形容呢?扩大?不,不对,不是那样。"她停了一会儿,沉思了一会儿,"那就像待在这个小小的房间里,那是我的现实生活,我看得到上面的天花板,但我永远都摸不到。可是,当我读着它时,我内心的某种东西成长了,它把我往上推,而且才一会儿工夫,我就可以打开天花板,看到外面。瞥见远处的世界,你懂我的意思吗?我可以看见它。就那么一会儿,我明白了有某个比我自己还要伟大的东西。"

听了席拉这番话,我觉得很感动。

她继续说下去,速度愈来愈快,好像怕我会阻止她似的。这些想法、这些见识奋力在真空状态中点燃,我可以感受到她理智上的不顾一切。

"那个故事是真实的，你知道，"她说着，"我去查过那些事，整个西方世界的发展都受到这两个人所作所为的影响。你知道吗？克莉奥佩特拉这个女人相当不可思议，她非常强势，是个相当有权力的皇后。然而她又是那么有人性，那么愚蠢，那么风趣。我的天，桃莉，这是我读过的最有趣的东西。"

当时我心里所想的是，究竟我们把这个女孩关在这样一个坚固的地方做什么？她为什么在这里而不是去参加某个大学的暑期文学课程，或是研究那么吸引她的古老历史？那些应该看到这个女孩的良师们哪里去了？我没有这方面的才华，我对莎士比亚的了解就像对恺撒作品的了解一样，贫乏至极。那些会很乐意一个十六岁孩子沉迷在《安东尼与克莉奥佩特拉》诗歌里的文学老师到哪里去了？

席拉的表情慢慢转为难过，她注视着手中那本书。她用一根手指头轻轻地把透明胶带抚平，将它贴回粗糙的边缘："你知道吗，关于杰夫的那件事真的很令人难过。我想见他，想让他知道我喜欢这本书。"

"如果你想写信给他，或许我可以给你他的地址。"我提议道。

"我想我有点爱上他了，"她说，"那时我不能告诉他。还好，那时我还没读这本书，因为我永远不会告诉他我喜欢他。我希望他认为我讨厌他。"她抬头看着，"那是不是很奇怪？我不讨厌他，从不。可是我害怕如果我不先讨厌他，他就会讨厌我。"她停了一会儿,"现在我希望自己曾经跟他说过实话。"

那个星期六下午,我们继续谈了两个多小时。大部分的孩子,包括席拉的室友,都已经拿到足够的分数可以到镇上走一走。经过她们准备出发时的一阵喧哗后,就只剩下我们安静地在房间里。这正合我们两个人的意。

席拉头一次这么开放且健谈,我怀疑这是她经常独处之后的结果。孤单又寂寞的她很容易就接受我这张熟悉的面孔。在此期间,她也有一点沮丧。那天下午我对席拉的整体印象是,她十分沮丧,没有半点活力,除了《安东尼与克莉奥佩特拉》之外,对其他东西都没有什么兴趣。我想,正因为她太过沮丧,所以无法像过去一样那么周密地伪装自己的想法。

由于担心她还会想自杀,我觉得有必要提起她在去年秋天寄给我的那封信。"去年秋天的事我很抱歉,"我说,"没回你的信。"

"啊,是的,"席拉把脸别开,"那封信,"她做出鬼脸,"如果我让你觉得难过,我很抱歉。我现在觉得写那封信很蠢。"

"不,你不应该有那种感觉,那些是真情流露。是我的错,那时我正好不在家。我在韦尔斯,回来时已经是好几个星期之后了。我觉得很糟糕,席拉,你写了信,而我却没办法回信。"

"我们别谈那件事了,好吗?"

我看着她。她低着头,正在检视她指甲上的某样东西。席拉向来兼具老虎和绵羊的个性,一方面既凶猛又勇敢,另一方面容易受惊又脆弱。当她像老虎一样时，我常常会觉得十分生气，但那也是她吸引我的地方。看着她隆起的肩膀、散乱的头发，我隐约看到老虎的身影。

"我开始想到很多有关我妈的事，"她轻声说。然后她停了一会儿，"那也是你的错。记得我们最后一次谈话的内容吗？在车子里？那时我一直把你和她混在一起？"

我点点头。

"嗯，我想了又想，试着把你们两个分开吧，我想。我不知道我怎么会把那件事和你扯在一块儿。你并没有遗弃我，你只是我的老师，只是做老师该做的事。我想我只是很蠢，试着要活下来而已。"

"你是什么意思？"我问。

席拉耸耸肩："我不知道。通过不去想那几年的事、忘掉那些事来做到，因为我就是这么做的。我忘掉了所有的事，我的意思是，我记得我忘掉了。那是有意识的事。当我到达某个新的地方时，像是新的寄养家庭，或是回去和我爸住，我会这么想：'我现在要重新开始。'之后我会进入新的学校，尝试新的事物，然后，当大家会问起我之前的生活时，我就说：'我不记得了。'然后相当快地，那变成了真的，就像我每次都获得重生，而过去就像是前世一样，几乎不是我。"

"那样可以让你不去想你母亲吗？"我问。

"是的,还有不去想你,不去想马奎尔小姐,因为我在她班级时也很快乐。我不愿想到那些时光,因为我会哭。想起不好的事情从来不会令我感到苦恼。我会想:'哎呀,真是狗屎。'但仅止于此。可是想起快乐时光只会把我掏空,所以每次我要想起快乐时光时,我就会说:'不,我不要想。'很快地,那种念头就消失了。"

我看着她。她抬起头,看着我,之后又把目光移回自己的手上。"之后你来把事情搞得一团乱。你真的是没事喜欢自找麻烦,你知道吗?"她说,音调充满了爱意,还微微地笑了一下,可是我知道她讲的是事实。

"你希望我不要自找麻烦?"我问。

席拉沉思了好久,故意剔着拇指的指甲,之后才慢慢地耸了耸肩。"我不知道。我想如果你不自找麻烦,那么我的人生会轻松许多。无论如何,这些年来,你带给我许多悲伤,不过……"她看着我,"事实上,如果我所认识的每个人,我母亲、我父亲、这个地方、寄养家庭、社会服务部,都不要插手管我的人生,那么我的人生会轻松许多。所以你也不例外。"

我笑了。我一笑,席拉也对我笑:"你不介意我那么说你吧?"她问。

"不介意,那或许是事实。"

接着我们两个人都没说话。席拉躺在床上,用手垫着头,盯着天花板看了好一会儿。我转身研究安琪的摇滚海报,大部分都是我没听过的艺人。

"我现在常想到我妈，"席拉轻声地说，"我的意思是，想她在什么地方、在做什么。我甚至不认识她，桃莉。"

"我想把它写在纸上是个好主意。"我说。

"我想了解她为什么要把我留在高速公路上。或许她不是故意的，或许那是某种意外，哦，或许车门的把手松开了，或许是我跌到车子外面了。"席拉的眼睛还是没有离开天花板，我由她的表情看不出她的情绪，"或许如果她知道我很好，想见她……"

我不知道该怎么回答，所以没说话。席拉终于把视线移到我身上："我并不是因为认为你是我妈才把那些信寄给你。"

"这个我知道。"

"我现在不会这么想了。我只是把它们寄出去，因为……嗯，它们是信，要寄出去才会有意义。"

"我了解，而且我很高兴收到那些信。"

"你帮我保管好吗？"她问，"因为将来有一天，我要找到她，我要把它们交给她。我希望她了解我，了解我这些年来的感觉。我已经决定要那么做了。等我离开这里，我就要去找我妈。"

登广告寻母

> 她望向我一会儿:"你知道我想做什么吗?去找我妈。看看我能不能和她一起生活。"

亲爱的妈咪:

你知道我有多么不快乐吗?你知道我过的是什么样的生活吗?你为什么要这样对我?我晚上躺着想这个问题,想弄清楚为什么你认为我不够好,可是你知道被人遗弃是什么样子吗?

席拉让我十分牵挂。发现她孤独又沮丧,我很担心她很快又会有自杀的念头,把这当成可以一试的解决方式。此外,团体之家的人似乎不是很了解她的需要。这里就像大部分类似的机构一样,人员不足而且扩展过度。人员的流动率更是令人震惊。大部分的管理人员是领最低薪资的兼职人员,受训不足,而且几乎每周都会更换,根本不会和孩子发展出任何有深度的关系。在固定人员方面,只有珍·堤蒙斯和她两位副手在照顾情绪有障碍的儿童方面受过特殊训练,其中只有一位在这里工作超过两年。珍本身也不过比席拉早一点到而已。

单单这一点就让人为席拉担心,因为没有一个大人能在她身边留得够久,和她发展一段有意义的关系。而这里实施的严格的"史金纳方法"(美国心理学家 Skinner 所主张的行为心理学),其控制儿童并改变儿童行为的方法似乎对席拉尤其不适合。首先,这种方法鼓励人员和儿童之间冷淡、非个人的接触。再者,席拉的个性本就不容易接受压制,而她就是如此诠释分数制度的,而且很坚持己见。如此一来,导致她更加孤单。

不幸的是,我没什么立场可以帮她,因为我并不是以职业身份去探视她的。珍·堤蒙斯并不知道这一点,而且不让她知道似乎较为明智,所以我就没跟她说;然而,我知道自己最好不要超过限度太多。因此,我限定自己向珍宣告我要来探视席拉,而不是要求见席拉,以确保我想见席拉时就可以见她。除此之外,还偶尔和珍"会商"。身为专业人员,我知道她会期待我听听有关席拉在农场的生活点滴,而当我这么做时,我得到了好处。

可能的话,我每周六下午都会去看席拉。从城里开车过去相当远,但路程还算顺畅,而且通常修会和我一起去。他会带着他的钓具,当我和席拉谈话时,他会到河边消磨上一两个小时。夏天剩下的日子就这样过去了。

　　珍·堤蒙斯对席拉的社会行为做了相当冷酷的描述。我想我已经猜测到席拉并不是社交高手，早在她与杰夫和我一起工作的那个夏天，我就相当清楚这一点，因为她从来没有提过朋友，男的或女的都没有。我从未强迫席拉谈这个问题，一方面是因为我不是很有立场可以提出建设性的建议，另一方面是因为我觉得她的智商对她和同辈的关系有某种程度的妨碍。这是很棘手的一部分，尤其以席拉的情况来说更是如此，而我当时的结论是，时间和成熟可能是最好的方法。

　　"你说什么？"珍问，"那是什么？优异的智商？"

　　"是的，你知道。"

　　"不，我不知道。什么智商？"她问。

　　我相当震惊。我的同事和我在席拉六岁那一年很努力地确认了她特殊的天分，结果竟然没列在她的记录里？"席拉的智商超过一百八。"我说。

　　"你说什么？"珍的眼睛瞪得好大，"一百八？你一定是在开玩笑。"

　　"你没有记录吗？"

　　"一百八？席拉·蓝斯塔？我们的席拉·蓝斯塔？你在开玩笑，对不对？谁告诉你的？"

　　"我本人就在场，"我说，"我知道。完成测验时，我正在辅导她。"

珍倒回她的椅子里："我的乖乖，从没有人告诉过我这件事。"

一个制度以如此随便的态度对待生命让我很生气。我和荷莉下楼到大厅，她帮我打开门。席拉一如往常，一个人留在她的房间里。

"我们得把你弄出这个地方。"我说。

"这还用得着你说。"

"不，我是说真的，席拉。你不属于这个地方。为什么你会在这里？你又没犯任何错。你为什么会被关起来？该关在牢里的是你爸。"

她盘着腿坐在床上，抬头看着我："是的，欢迎来到我的世界。"

我从桌子下面把椅子拉出来坐下。一阵沉默让我突如其来的愤怒气势变弱了。

"桃莉，过一阵子你就会习惯的。抗争是没有用的。"

"我不接受。"我说。

"我可以。我必须接受。"

亲爱的妈咪：

　　吉米现在在做什么？最近他可能长得比我还要高了吧。我算一算他应该至少有十四岁了。他比我小两岁，或者不到两岁？会不会是十八个月？我一直想着这件事，试着记起来。知道已经忘了自己的弟弟,真的好奇怪。

珍·堤蒙斯想要我和席拉谈谈她的反社会行为。那是个需要探讨的问题,但不是那个下午。至少在这几个小时里,我希望席拉觉得她有控制权,所以我们都是由她来决定要做什么事。

那天下午,她眉头深锁,这和其他周六下午没有什么两样。她躺在床上,两眼瞪着天花板。我提议去散步,可是席拉否决了。她不可以离开那里,而且她也没有分数能让她绕着刺铁丝网走一走。

"你想做什么?"最后我问,这时,沉默的感觉好沉重,快要把我压扁了。

"什么都不想,真的。"

她停了一会儿。她仍旧躺在床上,把一只手放在额头上。

"嗯……"她又停了下来,用手指摸索着发线,"记得我在你班级的时候吗?"

"记得。"

"记得你怎么弄我的头发吗?我一直很喜欢你梳理我头发的方式,把它梳得很有风格。"她瞄向我,"你要不要……我的意思是,如果我给你……嗯,这听起来很蠢,可是你愿意帮我打理头发吗?"

"没有问题啊,我想。"

席拉从床上站起来,走到梳妆台那里拿她的梳子。她在小镜子前面站了一会儿,使劲拉了头发几下,皱着眉头看着镜中的自己:

"如果我们有剪刀,你可以帮我剪头发吗?"

"哦,那我可不知道了,"我说,"我不大会剪头发。"

她把梳子交给我:"我想把这些发尾剪掉。拜托,桃莉?我厌烦了自己现在这个样子。"

我开始轻轻地梳理她的头发。她的头发经过这几年来的漂染之后,真的好乱。我从珍那里借来一把剪刀,尽力照席拉的要求去做。我把烫过的发尾修掉,也试着把染过的地方修一修。这么一来,使她的头发几乎只到肩膀的长度,看起来不像专业人士的杰作。接下来我只是帮她梳头发。

席拉显然很享受我的这些活动,而当我在做时突然想到,由于她在农场相当孤立,可能有相当长一段时间没有人碰过她。这种想法让我感到惊讶,可是我愈想就愈觉得那可能是真的。我还想到,在席拉年轻的生命里可能大部分的时间都没有和他人有明确的身体接触。

"你有男朋友吗?"我问。

"我?在这里?不可能的。"

"你有没有交过男朋友?"

她没有立刻回答。她背对着我,因为我还在帮她梳头发,所以我看不到她的表情,不过我可以感觉到她在犹豫。"没有。"最后她说。

"你想不想有个男朋友呢?"我问,"你喜欢男生吗?"

"你的意思是,我是同性恋吗?"她问。她推开我,转过身来,对我做了一个鬼脸,"只因为我没有男朋友,你也不用把我想成那样。"她猛然跳开我身边,"你现在可能认为那是我想要你帮我梳头发的原因。可恶。把它放在这里,把我的梳子还给我。"

"慢着,我不是那个意思。不管怎么说,是又怎样?我不会在乎的。如果我不在乎杰夫和他的偏好,我也不会在乎你和你的偏好。那是个人的事,席拉。我只是问问而已。"

"是啊,为什么?我有没有男朋友干你什么事?我有没有问你怎么样,有没有?"她气急败坏地回答。

"好,好。抱歉,"我说。

"哼,"席拉喷着气,接着就爬回她的床上,"是珍要你来问的,对不对?珍好喜欢探听别人的事。"

"好了,抱歉。"

席拉没说话,看着手中的梳子。她拿起梳子,梳着一边的头发,摸摸我刚才剪过的发尾。她还是没说话,沉默时间拉长,变得令人难过。有一会儿我以为她就要哭了。

"是啊,我是没有男朋友,"她轻柔地说,"而且,我从来都没有交过男朋友。我喜欢男生。我喜欢杰夫,我以为他是个男人,而且……"她停了一会儿,"可是到最后还不就是要上床,桃莉。而且我已经看过太多男生的家伙了。"

"事情不仅仅是那样,席拉。"

"我不能生孩子,你知道这点吗?在我叔叔那次之后。你记得吗?当时我在你的班级。我不能生孩子。像这样,还会有什么其他原因吗?"她问。

我不确定要说什么,所以我就只有坐着。

"我想要的只是有人能抱抱我。你懂我的意思吗?某个只会用臂膀抱着我,而不求其他回报的人,可是我并不认为我找得到那种人。所以,我决定干脆不要有男朋友。"

亲爱的妈咪:

我这个星期在报上看到,有个人被人发现二十五年前就遭到谋杀,而且没有人知道她失踪了。大家只说她跑掉了,从没有人去找过她。他们认为是她不想回去。我好担心你发生这样的事。我想找到你,想跟你说话,想知道你平安没事。我想确定你一直都没回来并不是因为那个原因。

接下来那个周六我过去时,带了在药房挑选的护发产品给席拉。东西不多:一罐深层护发乳,一些造型摩丝和一条蓝色发带,好让她那长了一半的刘海不会挡住她的眼睛。她很高兴收到这些礼物。

"哇!这实在是太棒了!"她撕开袋子,拿出那条发带,把她的头发扎起来,"我以前一直很想有一条这样的东西可以绑头发。因为我有刘海，对我来说，有一条这个东西并没有什么意义，所以我一直都没有。可是这个好棒。你为什么会买这个？"

我耸耸肩："我想你会喜欢。"

"是啊，我当然喜欢。谢谢。"

席拉仔细地看着那些东西有一两分钟。她打开护发乳的盖子，用手去触摸它，然后把盖子放回去，接着读使用说明："他们可能不会让我在这里用这个东西。他们会要你交出所有的东西。我猜他们是以为你要吸它或什么的。天知道。"

我坐在安琪的床上。她至少有两打小填充玩具排在枕头边，而我的重量让其中几个移了位。我弯身过去试着把它们重新排好。

"我知道我爸什么时候会假释。十月二十八日。"席拉说。

"你对那件事有什么看法？"

她耸耸肩，把摩丝罐子倒过来，喷了一些在手上，拿起来闻，然后用手掌把喷出来的泡沫压扁。

"他会去哪里？他会有工作吗？"我问。

"他会回百乐汇，他在百乐汇有朋友。那是他长大的地方，也是奶奶还在世时住的地方。"她把摩丝揉到头发里。

这是我头一次听席拉提起家中的其他成员。我知道她有其他家庭成员，包括她父亲的弟弟，杰利，那个在席拉六岁时恶意侵犯她的人。然而，席拉很少提及亲近家人之外的任何人。

"嗯，不管怎样，这算是个好消息，"我说，"我的意思是，你可以离开这里了。"

席拉翘起嘴唇,传达一种不确定、不高兴的感觉:"我不知道。我不确定自己想不想回去和我爸一起住。我的意思是,他说过几百万遍他不会再碰那个东西,可是从来没有做到。我怀疑他这次是否做得到,而且我已经厌倦被困在这些鬼地方了。"

我什么也没说。

她望了我一会儿:"你知道我想做什么吗?去找我妈。看看我能不能和她一起生活。"

"你要怎么做?"

"别告诉任何人⋯⋯"席拉鬼鬼祟祟地看了看四周,好像希望有人在偷听似的,"我已经把我的钱存了起来,因为我爸偶尔会寄一点给我。上次到城里时,我到图书馆里找到加州一家报纸的地址。我寄了一些钱给他们刊登一则广告。则说我是什么人,另外就是关于我找妈妈的广告。"

"加州是个相当大的地方。一家报纸不会有太大的效果。"

"是啊,我知道。不过,等我有更多钱,我会登更多广告,"席拉说,"她会看到其中一则广告的,我确定。"

我看着她:"之后呢?"

"那么我就可以跟她说话了,对不对?或许我可以去和她住在一起。"

"席拉,我不认为⋯⋯"

她皱着眉头看着我："你要说去他的，对不对？我知道你会这么说。"

"不，我不会。我只是要说，这件事急不得。"

"我知道我在做什么，"她回答，"她或许会很感激我去找她。你听过被遗弃的小孩和他们的亲生父母联络时，他们总是很高兴的事吧。"

"大部分是。"

"而且她会被安顿好，而我弟弟会在那里，还有……"

"别抱太大希望，席拉。"

她的肩膀垮了下来，摆出生气的表情："我不应该告诉你的。我就知道我不应该告诉你。你会说去他的。"

"我不会的，席拉。我只是说……"

"我真的了解，桃莉，但事情不会像你想的那样。可恶，我不想和我爸住在一起，也不想住在这里。我想和我妈在一起。如果我去找她，她或许会很感激。那是很久以前的事了。那或许是意外，我或许只是掉到车子外面，或许她并没有注意到，等到她注意到时已经太晚了。她或许会很高兴知道我没事。"

男人和性

> 一个真正的男朋友会爱你远远超过性。谁知道呢?你或许能感觉出不同。爱一个男人时那是很自然的一件事,想要碰他,想要他碰你。

亲爱的妈咪:

我想和你一起住,我已经厌烦了和爸住在一起。并不是发生了什么不好的事,因为已经很久没有发生不好的事了,只是我已受不了他的生活方式,受不了要担心他,担心他喝太多酒,担心那个东西,担心我们的钱不知道会怎么样,担心万一他又惹上麻烦怎么办,还担心一旦他惹上麻烦,我会怎么样。我想和你还有吉米在一起。拜托,能不能过一段那样的日子?

"你可以把我从这个地方弄出去吗?"当我例行在周六来探访她

时,她说,"我在这个地方会疯掉。"

"你的意思是,帮你找另一个团体之家吗?"我问。

"不是。我的天,不是这样。就是把我弄出去,带我出去。我已经有三个月没有离开过这个地方了,"她回答,"我想到你家去。你会带我去吗?"

"我不确定珍会不会让我带你走。你过去的记录(track record,意同'径赛成绩')并不好。"

"哈!"她开心地说,"我的径赛成绩很好,我跑得比他们任何人都要快。"她开心地玩起这句双关语。

"是啊,嗯,我怕那正是我的意思。况且,珍不会冒险再给你另一次机会的。"

席拉发出一声低声的怒吼:"我不会从你身边逃走的,桃莉,这一点你明白。"

说老实话,我不明白。我倒不是认为席拉在说谎。就我对席拉能玩得出来的把戏的了解,她倒是一直都对我很诚实,我没有理由怀疑她的诚实。然而,她是个天生的投机者,不论机会来临时她能否抗拒逃走的诱惑,我都不想在这个时候下判断。

"好啦,拜托嘛!你要不要试试看?"她哀求我,"我在这里好烦。"她停了一会儿,接着又面露喜色,"我可以帮你煮饭。记得吗?就像我上次做的那样?你喜欢,对不对?拜托嘛!"

"如果我真的提出要求,你知道那是什么意思吗?"我说。

"什么意思？"

"分数制度。你要自己拿到分数。"

席拉的手臂在眼睛上方夸张地挥了一下，然后倒在床上："哦，可恶，你不会也这样吧。我的老天，桃莉。"

"你得合作，席拉。如果你做了该做的事，或许几个月前就可以离开这里了。"

"我的天。玩他们那种愚蠢的游戏？收集可恶的小……那是什么？可恶的高尔夫球垫或什么的？看在老天的份儿上，你认为我要让别人用高尔夫球垫来限制我的人生吗？"

我看着她："如果你想和我回家，你就得这么做。"

"可恶，桃莉，我对你的期望可不止如此。"她面露不悦，接着又躺回床上。

老虎正要发作。我突然了解到席拉正在反击。我很高兴，趁机煽动她："我们把珍叫过来。我们可以订一个分数计划，只要你一完成，我们就安排你到我家过一个周末。你说怎么样？"

"可恶。"

"很好，那就照你的意思做喽。"

席拉坐了起来："我不是那个意思。我的天，你今天在闹脾气。怎么回事？你是在恶作剧还是什么？"

我平和地笑了笑。

她对我龇牙咧嘴地做了一个被激怒的表情，接着爬回床尾，拿了一张纸："好啦，那就把珍找过来。我们来把这件讨人厌的事搞定。"

席拉很认真执行那项计划，很快就拿到了分数。我想珍一定相当吃惊，而那正是席拉希望看到的。事实上，当席拉从消沉中振作起来时，她渐渐成为团体之家里的一股不可小觑的力量，珍意识到这种状况时显然有点担心。

两个周六之后，席拉和我一起坐车回到城里。"我的天，这真是太棒了，"席拉不停地说，"树木，看看所有这些树木，那是我那么想念外面的原因。那里简直像一片沙漠。"

回到我的公寓时，席拉一一看过我的房间。"天啊，回到这里的感觉真怪。知道我上次在这里是什么时候吗？和那个小男孩在一起的那个晚上，亚雷赫。天啊，似曾相识。不对，那不是最后一个晚上，对不对？我过来帮你煮饭，是那之后的事。我的天，桃莉，那好像上辈子的事了。"她停了一会儿，看着我，"记得有一个星期我告诉你我可以隔绝我部分的生活那件事吗？把它们当作发生在别人身上的事？"

我点点头。

"那就是发生在这里的事。我不是故意的，没有试着要忘记，可是现在我回来了，就是那种感觉，似曾相识。"

席拉走进厨房，看到我冰箱上用磁铁固定的那堆照片。她停在照片前，仔细看着。"那些是我露营的照片，"我说，"你看，我抓到条最大的鳟鱼。"

"和你在一起的这个人是谁?"

"修。你稍后会见到他,因为他今天晚上要带我们出去吃晚餐。"

"那么,他就是现在和你上床的人喽?"

"我不会这么说。"我回答。

"我相信你真的和他有关系。"她还在看那些照片。

"席拉,那个问题属于'私人'范围。"

她转过身来:"我们是朋友,对不对?"

"嗯,是啊。"

"那么,告诉我那件事就没有什么不对,对不对?你和他上床了没有?"

"上床,不对。做爱,是的。那是不同的。"

她耸耸肩:"对我来说都是上床。"

我计划好那个下午要带席拉到购物商场。她被关了那么多个月,很渴望到热闹的地方看一看,享受一下热闹的气氛,而周六下午最热闹的地方莫过于商场了。我们迅速吃了午餐,要离开之前,我冲进浴室里刷牙。

我边刷牙齿边晃出浴室时,听到一声轻轻的拍打声。我看到席拉在起居室的角落里,手里拿着电话。

"你打电话给什么人?"我惊讶地问。

"没有。"

在我看来事情似乎不是这样，而我脸上的表情一定是显现了这种想法。

席拉的脸上露出不自然的表情："很抱歉，我在玩，只是随便弄弄。我很抱歉。不过，知道吗，你可以用这些按键电话弹出曲调。我只是想试试看。"

我还是怀疑地看着她。

"对啦，过来，我来弹'小星星'给你听。"

电话的事让我有一点不安。或许她真的只是在玩电话按键，而我没有必要那么小心翼翼，可是直觉告诉我不是那么回事。整个下午这件事所引起的疑虑一直困扰着我。她打电话给什么人呢？为什么？还有，她为什么不想让我知道？

那个下午我一直都很紧张。以席拉的逃跑记录来看，我知道带她去商场是非常冒险的选择。我想给她一段快乐的、无忧无虑的时光，让她缅怀我们的过去。同样地，我认为对她来说，相信我信任她是很重要的，但事实很冷酷，我并没有真正信任她。我在这个行业里和这类孩子们相处太久了，对任何事我都不会轻信，而那通秘密电话更加深了我的警惕心。

结果是，我根本不需要担心。席拉很开心能够到购物商场逛逛。每家店她都进去走一走，只要手摸得到的东西，她大部分都摸了，试穿戴了无数件衣服、帽子和珠宝，还吃了甜甜圈、焦糖玉米、饼干、比萨和冰淇淋等吓人的各种食物,并喝下好几加仑的果汁。她好喜欢一件性感套装,那显然是用某人准备要丢掉的牛仔裤做成的:上半身已经破了,用安全别针固定住,裙子也只够盖住她的小屁股。她已经用自己的钱买了一件粗制的T恤,所以我就帮她付了那套衣服的钱。能再见识到她古怪的流行感,那似乎是个合理的代价。

我们回到家时,修已经在屋里,这让席拉吓了一跳。她从我身上拿到我公寓的钥匙要开门,显然并不知道门的另一边会有人。她吓得大声尖叫起来,跑回玄关和我站在一起。

老是喜欢开玩笑的修在里面等着席拉和我进门。之后他看了她一眼,举起双手,模仿席拉的尖叫声,然后跑进卧室。

席拉的嘴张得大大的:"我的天,他是谁?"

"我是贼,走开。"卧室里传来很小的声音说。

"是真的吗?"她问。

"那是修!"我说,语带怒意,让他知道我们受够了。

修出现在角落,头上戴着一顶我前一个星期去参加婚礼时所戴的小花帽,可是他的表情像是参加葬礼似的。"是的,"他的声音变成男低音,"我是桃莉的朋友,修。"

席拉的眼睛瞪得好大。"我以为杰夫已经很糟了,"她小声说,"我的天,桃莉,你是在哪里找到他的?"

那天晚上相当愉快。席拉花了好几个小时在浴室里打扮,穿上刚买的新衣服，粗制的 T 恤和那件套装，接着再用我的化妆品上妆。之后，修带我们到一家日本餐厅，那里的厨师挥舞着刀具，就在桌子旁帮我们准备晚餐。从未用过筷子的席拉，失误不断。她笑得好大声，食物一直掉在她的大腿上。在正常的情况下，席拉没有什么幽默感。她的尊严、她的自我感还太过脆弱，经不起真挚的笑声。然而，在这个特别的夜晚，她能够看到自己动作不灵活、好玩的一面，更重要的是，她能够容忍，甚至和修一起做出愚蠢的评论。事实上，修的评论很不合理，我们很快就知道，席拉并不是三个人中唯一不会使用筷子的人。

之后，我们去看了一部科幻电影。修帮我们买了很大一桶爆米花，然后坐在席拉和我中间，那样我们才能一起分享爆米花。在等影片放映时，他们两个人玩了起来，把爆米花丢到空中，然后再用嘴巴去接。这种嬉闹让我开始有点不自在，因为我可以感觉到其他人的焦虑，我担心有人会抱怨。是的，我们最好安静下来，修同意我的看法。很少流露爱意的席拉抓住修的一只手臂，半抱着他靠在他的手臂上。

那天晚上修离开之后，席拉和我准备就寝。她要睡起居室的沙发，所以我把坐垫往后拉，腾出大一点的空间。

"他那么兴奋，是不是嗑了什么东西？"我们在挪动沙发椅时，席拉问。

"谁？修吗？没有，他向来都是那个样子。"

"哇。"她暂停了一下，拉直坐垫上的被单，"你确定他没嗑药吗？或许他真吃了什么东西，你却不知道吧？"

"没有，修就是那个样子，"我回答，"我想那是他非常吸引我的原因之一。我喜欢爱笑的人。"

她点点头："我想我认识的人如果像他那样，肯定是嗑药或者是酗酒的。我不知道你们可以让自己那么快乐。"

把席拉安顿在沙发上后，我自己也准备上床。我梳洗完后跟她道了晚安，然后回到我的房间。时间很晚了，而且我很累，所以关灯之后没多久我就睡着了。

我被吓得醒了过来。房间里好暗，我转身去看床边的时钟，发现离我上床才一个半小时，而且我感到毛骨悚然，因为我觉得房间里不只我一个人。我翻了个身坐了起来："席拉吗？"我在黑暗中小声地说。

有一会儿都没有人答话，接着她从门边阴影中走了出来："我很抱歉，我不是故意要吵醒你的。"

"你在做什么？"

她没有立刻回答，所以我伸手要去开灯。"不要开！"她哀求道，所以我没有开。

我弯身到床边，看到她把毯子从沙发那里拿过来放在地板上，接着她走向前，把枕头放在毯子上。

"我睡不着。"她的声音好小，而且像小孩子似的，"外面好奇怪。我不太习惯一个人睡。安琪，哦，她会打鼾，我已经习惯她的鼾声了。如果我在这里，你会介意吗？"

"我想我不会打鼾。"

她笑出声来："没有关系。"

席拉躺在地板上，拉起毯子盖在身上。接着我们两个人都没说话。我好困，打起了瞌睡。

"我很喜欢今天晚上。"席拉在黑暗中小声地说，"我喜欢修。你好幸运。"

"是啊。"

"我玩得好开心，我已经好久、好久都没有那么开心地笑过了。"她说。

"嗯。"

"我希望有一天我也可以有个像修一样的男朋友。"

我正在打瞌睡，不确定自己回答了没有。

"桃莉？"

我叫醒自己："什么事？"

"你真的和他上床了吗？"

"我之前好像听过这个问题，"我喃喃说着，"你似乎对我的爱情生活非常有兴趣。"

"只是我无法想象你做那件事。"

黑暗中我露出微笑。

"事实上,"她说,"我不确定我想做那件事。对我来说,那件事似乎很吓人。我不是开玩笑的,我从来都不是自愿做那件事的。"

"合适的男孩子出现时,你可能会有很不一样的感觉。"

"不,我可不这么认为。"

接着又是一阵沉默,由于房间很暗的关系,显得特别安静。最后她又开口:"桃莉?"

"嗯?"

"你认为我会有男朋友吗?我的意思是,如果我不和他上床,会有男孩子想要我吗?"

"一个真正的男朋友会爱你远远超过性。谁知道呢?你或许能感觉出不同。爱一个男人时那是很自然的一件事,想要碰他,想要他碰你。"

她没有回答。

"席拉,你以前有过不好的经验,可怕的经验,小孩子不应该有的经验。你真正体验到的是性交这个名词,而那是个不幸。可是这不是性交,这种自然的感情不是。它是爱,它是爱的一部分,而且你分辨得出来,因为当爱来时,它会让你觉得很快乐。"

我们的对话慢慢在转变中,我再次感觉到一种深思的沉默,接着之后就只是沉默。我把被子盖回身上,闭上眼睛。

"我希望他像修一样,像他一样有趣。"她说。

"是啊,我也希望如此。修很好。"我停了一会儿,"听着,我不想扫兴,可是已经很晚了,如果我们再不睡,明天早上我们会像熊猫一样。"

地板上传来一声低笑,接着没有人说话。

之后她又开口了:"你知道今天晚上让我想起什么?"

"什么?"

"想起那次和你另外一个男朋友在一起的时候。他叫什么名字?是查德吗?记得他带你和我到外面吃比萨的事吗?今晚就像那个时候一样。很好玩,就像那一次。"

"你记得那件事?"我问,因为我清楚记得她十四岁时说她不记得了。

"是的,一点点。不是每个细节都记得,可是我记得那种感觉。那感觉真的很快乐。和你还有他在一起,感觉那么棒。我记得我想着,如果你有一个真正的妈咪和爹地,一定就是像这样。"

我在黑暗中露出微笑:"是啊,我记得那天晚上的感觉好棒。"

"今晚也和那晚很像。你知道,有点家的感觉。像是……嗯,一种归属感。"

"没错。"

"有那种感觉真好。想到和你在一起的人不会找到机会就打开门把你推出去,那种感觉真好。"

30

商店发来的传真

接电话那个人按了保留键,我感觉好像等了好久好久。后来咔嗒一声,有人说话了。

亲爱的妈咪:

那时候我很会惹麻烦,那或许是你之前必须那么做的原因。我想我可以了解,因为可能你别无选择。可是我现在乖多了。我的优点如下:

一、我会煮饭

二、我很会做家事

三、当我离开这里时,我会找一份工作赚钱

四、我在学校的成绩大部分都是甲等,所以我可以上荣誉榜(我在旧学校时是在荣誉榜上。这里没有荣誉榜,可是如果我到另一所学校去,我还是会上荣誉榜)。

五、我现在会听你的话,因为我已经长大懂事了。

十月到了。我知道我是席拉唯一的访客,所以几乎每个星期都会去探视她。她在初秋时有十分明显的进步,她现在会很想拿到分数,让她能在周六下午离开农场到外面走走,而且珍表示,她在农场里的合作意愿也提高许多。席拉还是不愿和其他年轻人在一起,不过这一点并没有太困扰我。

随着席拉的父亲即将在那个月底假释,席拉离开农场的计划也同时在进行。珍打算让她留到十一月中,好让蓝斯塔先生有机会安定下来。上次和蓝斯塔先生在不愉快的气氛下分手之后,我就没有再和他说过话,我也不知道我又和席拉来往的事他是否知情。因此,我所有的消息都是从珍那里得来的,她告诉我,社会服务部表示蓝斯塔先生可以提供某种稳定的生活方式,所以有权要回席拉。然而,十月时,珍说百乐汇那份工作是通过受刑人重返社会工作计划安排的,而现在就只差帮他找个住的地方了。

席拉相当平静地接受这个消息。她之前至少有三次同样的经历,所以都抱持一种"眼见为凭"之类的怀疑态度。当然,结果是另一回事。

"桃莉!桃莉!快进来。"我在哥伦布日前一天那个周六去探视她时,她兴奋地对我比画手势。我走进她的房间后,她迅速把房门关上,跳到床上:"坐下,我想给你看点东西。"

我坐了下来。

席拉弯身到床边，从床下拉出她那只储藏所有宝贝的盒子。她打开盒子的盖子，从里面抽出一封信。她把信压在胸口，微笑地看着我："猜猜看！猜猜这是什么。"不过我还没猜，她就把信塞到我手里，"这是我妈的来信。"

我接过她的信。

"记得我登的那则广告吗？你知道，登在报上的！它发挥作用了！她看到那则广告，然后写了这封长信给我。"

那封信真的很长，一定有十页或十二页，两面信纸全都写得满满的，信纸上的字很小，笔迹潦草。我打开那封信，把它放在我的膝盖上，开始读信。

看了前面几段，我的心往下沉。那封信的内容奇怪又绝望。她说她曾把一个女儿交由别人收养，接下来又用好几页叙述了她错综复杂的感情问题和几段受虐的婚姻。

"席拉，我不想这么说，可是……我不确定这位是你母亲。"

"她是。她说那个女孩那时是四岁，而我也是四岁，"席拉回答，"我的意思是，这种事会发生在多少四岁女孩的身上？"

"嗯，是不会有太多人和你有完全一样的遭遇，可是她并没有提到确实的情况。再说，她说的是'交由别人收养'。你母亲之前所做的事我不会称之为'交由别人收养'。"

"是啊，我知道，可是她很难过，"席拉反驳，"看看她一直说她有多难过。我的天，那就像，哦，毁了她的一生。我知道那是什么感觉。我知道我妈会很难过，而且如果她知道哪里可以找到我，她会想把我要回去。"

我抬起头，注视着席拉。我看到她眼里经常出现的那种眼神。她又回到六岁的时候，表情痛苦又脆弱。她好希望这是真的。我伸出手去摸她的肩膀，可是她缩回身体。

"她说我的名字叫席拉。她知道。"她坚持地说。

"小可爱……"

"可是她说了。"

"是你告诉她的。广告上有你的名字，对不对？"

"可是她说了。为什么有人会拿像名字这种东西来撒谎？如果我不是她女儿，她为什么想和我联络？"

"因为有时候某些有很糟糕问题的人没办法分辨真假。"我回答。

她的眼中突然爆出怒火："那就是我，是吗？你认为我就是这样，疯子。说啊，桃莉，因为那就是你要说的话。"

"我不是那个意思。我是指她，写这封信的这个女人，不是你。我想她希望你是她女儿。我想她或许甚至认为你就是，可是你不是。"

"我是！那是我妈，我知道她是。把整封信读完，你才读了几页。她在信里面还提到吉米。她谈到他，也谈到我还有四个兄弟。

是我的弟弟，因为她又再婚了。"

我的肩膀一垂："可是你在广告里也提到了吉米的名字，席拉。她还没写这封信之前就知道你的弟弟叫吉米，因为你告诉了她。"

她的泪水就要流下来了："你真坏，你不希望我找到我妈。"

我再次伸手碰她："席拉，别这样。"

她努力保持镇静，从我身边转开身。

"席拉，我真的希望你找到你妈，没有一件事比它更让我快乐，只因为我知道那会让你很快乐。可是我不希望你受到更大的伤害，我很怕会发生这种事。"

"走开。"

"席拉……"

"走开。走吧，我这个周末不想见到你。走就是了……"

那个星期没有"亲爱的妈咪"的小纸条寄到我家，而且当我接下来那个周末过去探视席拉时，她也没有再提起那封信。她不像平常那么友善，我看得出来，上次我们对那封信的看法不同，确实让她很受伤，她还是和我保持距离。我认为由我来提起那件事是相当不聪明的做法。我觉得，如果我只是表现得很热诚，支持她，等待她的下一步举动，我会更有收获。我们愉快地聊天，大半时间都在谈她准备离开农场的事。她即将从农场这所小小的独立学校转到百乐汇一所大型高中，而且她很好奇学校会提供什么样的课程。我们讨论了几个不同课程的优点，我还提到选择一个对她申请大学有利的课程。

这是我们第一次提到席拉毕业之后的人生。她现在已经高三了，像这样的决定已经迫在眉睫，可是我一直没和她谈太多有关她未来学业的事。这部分是因为席拉在课业上似乎可以自己应付得很好，部分原因则是她目前的生活很混乱，很难转移注意力来考虑她的未来。令我感到惊讶的是，席拉表示她毕业之后并不想上大学。

"你在开玩笑。"

"不，"她回答，"我不想。"

"你当然想。"我说。

"不想。我受够了学校，我只想出去自立，只希望有个地方可以住，由我当家做主。我一踏出校门就再也不要回去。"

这一点让我很惊讶。以席拉的聪明才智，以她对古代历史的兴趣、学习拉丁文和阅读古文的本领，我无法想象她不想接受更高的教育。我试着跟她解释大学生活和高中的差异，说她很容易就可以找到全新的生活方式。我还指出，尽管她一向处在对读书不利的环境里，但是她还是能自己读书，这一点就能让她在大学里领先，成功的可能性很高。

我所说的话一点用也没有。席拉和前一个星期不一样，她并没有生气。我不认为她很投入我们刚才讨论的话题。这对她来说并不是很重要的领域,她不需要去防卫;然而,她还是那么坚决。学校课程结束时,她要去找一份工作,找一间她自己的公寓,继续生活。大学的事可以暂缓。

接下来那个星期三,当我和朱利叶斯在办公室闲谈喝咖啡时,电话响了。电话就放在我们两张桌子之间的一张椅子上,因此我们都伸手去接,不过朱利叶斯离电话比较近。他接起电话,接着眉头皱了起来:"你知不知道?如果是我接电话,一定都是找你的。"他把电话交给我。

电话另一头是珍·堤蒙斯。"我们这里出问题了,"她说,"席拉不见了。"

"什么地方?什么时候?"

"今天早上,安妮带她到城里的麦克奎尔(MacGregor's)百货公司拿衣服。我的意思是,老实讲,桃莉,我们并不认为这个时候她会有安全上的风险。再说,她不到三个星期就可以离开这里了。她去上洗手间,安妮就站在外面,之后她就不见了。"

"发生了什么事?那里有窗子或什么的?"我问。

"没错,可是那是在二楼。天知道她是怎么办到的,天知道她去了哪里。那是个平的屋顶,可是……"

在这段简短的谈话里,席拉再次从一个我所认识的快乐、活泼的女孩变成一个陌生人,她很熟悉那些我无法想象的世界。

"我想问的是,"珍继续说,"她没有去你那里吧?"

"没有。"

"那么……有什么我可以帮忙的地方?"我问。

"不太需要,我们已经联络警方了。虽然我想她应该不会跑那么远,但我们也联络了玛丽斯维尔她父亲所在的监狱。"她停了一会儿,"你觉得她会去什么地方?你认识她任何朋友或是知道其他事吗?"

当然,我最先想到的就是她母亲。

"有一封信……"我开始简短地解释席拉想要寻找母亲的努力。

"是的,那些我们全知道。"珍说。

"哦?"这一点倒令我相当惊讶,因为席拉没有提过她曾和农场里的管理人员谈过这件事。

"例行的预防措施。我们固定会检查孩子们的东西。我们知道她写信到加州的报社,而我并没有和她争论这件事,因为那似乎没有什么伤害,天知道,如果到最后这孩子有另一名亲戚接受她,那也是一种幸福。她父亲的状况也并不理想,不是吗?"

"可是你知道这封信吗?"我问,"北加州那个女人寄来的信?"

"知道,我看过了。上个星期荷莉把它拿来给我看,"珍回答,"悲哀,对不对?"

这种随便的做事行为让我相当生气,包括席拉的东西被搜以及她的行为的被忽视,使得我不想再进一步讨论席拉失踪的事。和珍接触的这段期间，我本来就不是特别喜欢她，而现在这种感觉更加强烈。

那通电话是我听到有关那件事的最后一次，珍没有再打电话给我。我周四和周五都亲自打电话到农场去，可是珍没有空接电话，而副主任告诉我，他们还没有找到席拉。

席拉刚跑掉那几天，我原本期待会有她的消息，或者就像上次亚雷赫那件事一样，以为她会出现在我家门口的台阶上。我很着急，因为我担心她的人身安全，可是我还是有信心，觉得事情很快就会解决，毕竟，从她的现状来看，她又能逃多久？

但我发现，这段时间可真长。几天过去了，一个星期、两个星期过去了，蓝斯塔先生出狱了，搬回百乐汇，而席拉还是没有消息。

我简直无法相信，无法相信那个女孩会这样消失得毫无踪迹。而我第一次碰到警察和其他社会服务部门处理翘家儿童事件那种令人恐惧的状况，也再次让我面对一个现实，那就是席拉的世界与我的世界存在着巨大的差异。

不担心她是不可能的。我会幻想各种事情，不只是她真的找到加州那个疯狂的女人，或是她母亲而已。我想象中最佳的状况是，她和她母亲还有吉米团圆了，过着她一直想要的生活，而我试着说服自己事情就是那样，她就是因为那样而没有和我联络。不幸的是，各种最糟的状况依然不断闯入我的脑海。

到了十一月，我必须接受席拉再次突然离开我的事实。以类似的经验来看，最后时间会开始治疗我的沮丧感，甚至极为痛苦的担忧。有天晚上，我突然看到我保存在档案柜前面的那捆"亲爱的妈咪"的信。我没让那捆信继续放在那里，而是把它们拿出来，放在阁楼的一个盒子里，和以前那些孩子们的纪念品放在一起。第二天早上，我把那本我放在桌上的《她只是个孩子》移到一个我不会随意看到的地方。

我正在和一名不说话的四岁小男孩巴比进行游戏治疗课程。他是个难以应付的个案，是一位精神科医生托付给我的，因为没有人能搞清楚他为什么不说话。我并没有想到会被打扰，因为大家都知道这个课程有录像。尽管如此，就在我正在吹肥皂泡引诱巴比学讲话时，我的呼叫器响了。我不想理它，可是我没回时，它又响了。

我很火大，起身走到治疗室里的电话那里，一只手拨了前办公室的号码，另一只手则关掉摄影机。我滑稽的姿势让巴比觉得很困惑，他把自己的安全毯丢到摄影机上，让我们的录像最后变得模糊不清。

"是我呼叫你，"在前办公室里办公的萝莎莉说，"我们刚收到一张给你的传真，我想你应该下来看一看。"

"现在吗？我还在上课。"我说。

"是的，桃莉，我想你应该马上过来。"

***

我带着巴比走到楼下的办公室,从我的信件栏里拿到那张传真。我开始读。

哦,人类的孩子,远走高飞吧!
和一名仙女手牵着手
来到水边和荒野
因为这个世界令人伤心的事远超过你的理解。

桃莉,这个世界并不适合我们当中的某些人。小王子发现了这一点,克莉奥佩特拉也发现这一点,而我想我也发现了。这里没有什么好值得我留恋的。我是从其他地方来的,并不属于这里。这个世界令人伤心的事远超过我的理解。

谢谢你的努力。别回传给我,我是从一家商店传的,而且我并不想要回信。

爱你的,席拉

"哦,老天爷。"我读着那张传真时说。

"是啊,"萝莎莉回答,"我一看到它就想最好快点让你看到。"

"我得找到她。"我仔细看了那张传真纸,注意到最上面有一小行送件人的数据。我抓起萝莎莉桌上的电话打到查号台。这个传真号码确定是来自北加州,就一会儿工夫,我拿到了那家商店的电话号码。我立刻打电话过去。

"喂，你们刚刚传了一张传真给我。是个年轻女孩传的，十六岁。她在那里吗？这件事很重要。我一定要跟她说话。"

接电话那个人按了保留键，我感觉好像等了好久好久。后来咔嗒一声，有人说话了。

"喂？"是席拉的声音。

31

重提旧事

"我记得那个男孩,"她说,声音相当轻,还听得出来是哭过的声音,"那个被我带到树林去的男孩。"

"是席拉吗?席拉,是我,我是桃莉。"

没有回音。她还没挂,我可以听到她浅浅的呼吸声。

"席拉?你还好吗?"

"你是怎么找到我的?"

"听我说。你还好吗?"我又问了一次,"你在哪里?我打电话过来的这个地方是哪里?"

"这是家影印店。"她说,声音有点茫然不知所措。我想我那么快追踪到她,真的吓了她一跳,而她不知道要怎么回答。

"你还好吗?"

"我不想跟你说话。"

"不,席拉,别挂电话。拜托,拜托!"

"别管我了,好吗?"她的声音听起来像是在哭。我由她突然微弱的呼吸声中可以听得出来她在哭,可是她拼命想忍住。

"不,席拉,跟我说话。拜托,别那么快挂电话。告诉我你过得怎么样。"

她没回话。

"发生了什么事?"

她急促地吸了一口气。

"席拉,别挂我电话。"

"我不会挂。"电话那一头传来好小的声音。

"事情不是很顺利,是吗?"

"是的。"

"发生了什么事?"我问,"你可以告诉我吗?"

"我不能在这里讲,大家都竖着耳朵在听。"

"我想跟你讲话,我真的想。你可以找另一部电话吗?不,等一下,别挂。等等,让我想一想。"

"我找不到我妈,桃莉,"她说,"我一直在找她,一直找,可是我找不到。"

"哦,小可爱。"

"哦,可恶,我要哭了。哦,不要,我不想在这里哭。哦,糟了。"

"席拉，我去接你。"

"什么？"

"什么事都别做，好吗？可以吗？我这就过去接你，我会带你回家。你可以告诉我你在哪里吗？你住在什么地方？"

她的声音听起来哭得更厉害了："我没住在哪里。我什么都没有了。"

"好了，听着，就待在那里。我有传真号码，让我来安排，我会传真给你。不过在那里等我，而且什么事也别做。答应我好吗？"

她在哭。是痛苦还是解脱，我分不出来，不过她哭着答应她会在那家影印店等到我传真回去。

接下来那个小时简直是天昏地暗。她在北加州一个相当小的镇里，当地没有商业机场。事实上，从旧金山开车到那个小镇足足要两个小时，而且从我所在的地方搭每日不止一班航次的飞机到那里，旧金山是最近的地点，而从这里到旧金山搭飞机要两个小时，也就是说从我出发到抵达目的地至少要四个小时。接下来才是最惨的事。当时接近感恩节的周末，所以当我打电话到机场订位时，我发现所有的经济舱座位都已经客满，不只下一班客满，连再下一班也一样。这表示我最快也要在第二天中午才能搭上飞机。这实在是太糟糕了。我觉得我去接她真的很重要，而不是指望她在不稳定的状况下，自己回到这里，尤其她之前完全没有搭飞机的经验，对航空旅游的一般手续不是很熟悉。而如果我试着请求她所在当地的人协助,譬如警察或社会服务部,我不确定她会有什么样的反应。

就在我惶恐不安时,我的呼叫器又响了。"该死的东西。"我小声对朱利叶斯说,迅速把它丢到桌上。

朱利叶斯看着还在响的呼叫器,接着看着我,"你不觉得你该回一下吗?"他问。

我厌倦地打电话下去给负责呼叫的萝莎莉。"救命!救命!我快死了!快救救我,医生!快!注入卡本内苏维翁红酒(cabernet sauvignon)和丁骨牛排!"电话那头传来微弱的声音,"今天晚上六点好吗?"

"修!坦白讲,你知道你不应该这样。"

他完全没有后悔的意思,他一向如此,可是听到他的声音真好,我没办法生气。我把关于席拉的事都告诉了他,我还谈了我的处境。我觉得尽快去接席拉很重要,但现实并不乐观。

修很体贴地听我说着。"订个头等舱的位子,"他回答,"头等舱不会客满的。"

我哼了一声:"我连经济舱都快付不起了,更何况头等舱,修。而且我一定不能用那种方式带她回来。即使我订得到位子,我也不能。回程更惨。都是感恩节的缘故,一个位子也没有。"

"我来买票,"他说,"我帮你买一张机票。之后你可以租辆车子,反正你一定得租车子去找她。然后你可以就从那里开车回家。别担心。我来处理,好吗?"

他的慷慨让我吃了一惊，我不知道要说什么。

"她是个不错的孩子，"他听到我没说话时这么说，"毕竟，几个钱对人生又算什么？"

我要席拉到当地的麦当劳和我碰面，因为那是我唯一想到的深夜还在营业的地方，她在那里面等也相当安全，也是我在一个陌生的城镇里很容易就能找到的地方。修资助了我一张到旧金山的头等舱机票，而我则安排从那里租一辆车，沿着海岸往北开，接到席拉之后再开回家。那是一趟超过八百里的路程。

我心中从未闪过不要为席拉做这件事的念头。我向来行事冲动，很容易就会有那种修所谓的"伟大行动"，不过我也不认为不做就会很自在。在特定的情况下，我的直觉向来很准，虽然这样往往会让我先行动后思考，但我绝少会事后再去后悔。我认为，亲自去接席拉的感觉正确，非常正确，事实上我也从未有过其他打算。

我把车开到麦当劳明亮的黄金拱门下面时，时间已是十点十五分。我透过窗子可以看见席拉一个人孤单地坐在一张桌子旁。我关掉引擎，下了车。

我走进麦当劳的门时她并没有站起来，只是抬起头看着我。她的脸上挂着一抹浅浅的微笑，我认为这是放心的表情。我走到她坐的那张桌子前，弯下身子拥抱她。她很乐意接受我的拥抱，紧紧地抓着我的羊毛外套。

我坐进对面的椅子看着她。她浑身脏兮兮的，就和刚到我班级时一样。她那头没梳的头发编成一股一股长长的辫子，油腻腻的。她的指甲里藏了污垢，皮肤的皱折处也堆了污垢，衣服也是皱皱巴巴的。而且就像以前一样，她身上还发出臭味。

"你饿不饿？"我问。

"我已经吃了一些薯条。我想我最好吃点东西，不然他们要把我踢出去了。"

我自己并不饿。我在飞机上吃了一些和我平常吃的相当不一样的东西，麦香堡是个相当大的落差，不过我还是到柜台为我们各买了一个麦香堡，再搭配一大包大薯条。我有先见之明，带了热水瓶来装咖啡，长途开车时可以用来提神，我请柜台那个女孩帮我把瓶子装满，顺便还帮席拉买了一杯奶昔。

席拉狼吞虎咽地吃下自己的汉堡，而且当我说我不饿不想吃时，她很快就连我的汉堡也一起解决了。我又回想起以前看到她的时候，一个六岁小女孩，饿坏了，用双手把学校的午餐塞进嘴里。今天晚上差不多也是这种光景，我猜她过去几天应该没吃什么东西。

"你都住在什么地方？"我问。

她耸耸肩："任何可以住的地方。"

"你有什么钱？"

"现在吗？八十五分。我一开始是二十三块五十分，那是在我买了巴士车票之后，我试着谨慎地运用这些钱，可是……"她露出一个歉疚的微笑。

就这样，她边吃东西，我们边聊天，好像什么事也没发生过似的。她告诉我，那个周六她用我的电话是在查巴士时间表和票价。她描述自己如何想办法把农场给她们的零用钱一点一点地存下来。她讲述的这些事真的很有吸引力，因为那是个十分复杂的计划，连我都没有起疑心。然而，我们没谈到她为什么要这么做，也没谈到结果是什么。我们在说话时，我将自己抽离并做客观的观察，我在寻找自杀的迹象，我认为那种迹象并没有消失。

她吃完东西时，我瞄了一眼我的手表："我想我们最好上路。"

席拉只是坐着。

我看着她。

"我不想回农场，桃莉。如果你这次来是为了带我回去那里，那你最好还是留在家里，因为我不会去。那是个死亡禁地，我再也不要到那里去了。"

"不会的。我们会想别的办法的。你爸在百乐汇有个地方，他已经安定下来。"

席拉还是坐着。

"来吧，小可爱，我们走吧。"

她叹了一口好大好长的气，垂下双肩。接着，她疲惫地从座位上站起来，跟着我走。

我将车子开出麦当劳，快速往大马路开去。我喜欢开车，尤其是开长途车，它给我轻松自主的感觉。真正开上路时会有一种不寻常的体验，让我进入一种无阻碍的自由状态。我的心情极好，正在完成我任务中最重要的一部分：把席拉弄上车和我一起回家。

席拉深深坐进我旁边的座位上，好几里路途中都没开口。一开始，我以为她要睡了，因为她显然已经很累，可是她并没有睡。她只是坐着，手肘靠着车门，用手撑着一边的脸颊，两眼注视着前面的道路。

我选择最直接的路线回家，没有走高速公路，而是走往东的一条小快速道路。路上看不到其他车辆，事实上，有好长一段路四处都没有灯，连农场建筑都是漆黑一片。

我在汽车有限的空间里比在麦当劳人造的欢乐中更能清楚地感觉到席拉的痛苦，那几乎是一种肉体的感觉。要是伸出手来，我想我会碰到它，而开了那么多里路，我却不知道该怎么做最好。光是坐着什么都别说吗？鼓励她说话？或者就这样继续下去，好像在夜间飞车八百里返家是很正常的事，然后让事情顺其自然发展？

席拉放下撑着脸颊的手，两只手臂抱在胸前。她吹吹脸上的头发，转头过来看着我："你为什么这么做？跑这么远来接我？"

"因为我爱你，就这么简单。"

她把头别开，看着窗外黑漆漆的夜好久好久。最后她把脸转回来时，我看到她脸颊上的泪水，它们在淡绿色的仪表板灯光下微微闪烁着。

"想不想谈一谈?"我问。

她摇摇头。她用一只手拭去泪水,可是泪水又涌了出来,不断涌出来。她变得相当难过,止不住泪水,伤心又愤怒。

"我的手提包里有纸巾。"我指着后座说。

"我不想这样,我并不想哭。"

"没有关系,小可爱,我不介意。"

"我介意,"她回我这一句,"我并不想哭。一旦我让自己哭出来就停不下来了。"

"那是长久以来的恐惧,对不对?"

她点点头,泪水更多了,不过她还在忍:"我他妈的好生气!我不想屈服。我并不想哭,哭只会让我显得脆弱。"

"不会,不会显得脆弱。"

"不公平!这样是不对的,你不应该在这里。跟我说这些话的人应该是我妈,不是某个老师。"她抬起头看着我,"抱歉用这个名词,桃莉,可是你不过就是个老师。应该爱我的人在哪里呢?"

我看着她。

"他们究竟他妈的死到哪里去了?说清楚一点,我妈在哪里?我爸呢?为什么为我做事的总是像你这样的人?为什么我的父母亲从来不照顾我?我有那么坏吗?"她泪流满面,哭成泪人儿,靠在安全带的防滑肩带上不停地啜泣着。

我什么都没说。言语有时候是很好的安慰,但在此时却没有用。

我记得之前也有过这种情形。好几年前,场景不是漆黑的汽车里,而是白天和席拉在学校的一个黑漆漆的小房间里。席拉在我怀里哭泣。她已经当了好久的凶猛小老虎,虽然学期已经即将结束,但那是第一次看到她哭。她一向怕自己泪水停不下来。

席拉哭了很久。她把脚抬起来,双手压在脚上,把脸埋在破烂的外套里啜泣。我只是快速在黑暗中前进,什么也没说,什么也没做。当时我们的车正行驶在山中,道路两边都有树。雪已开始下,毛茸茸的大片雪花落在汽车大灯前面,相当迷人。漆黑的夜、树木和雪花全部融合在一起,营造出一股怪异、超脱尘世的气氛,我觉得一切都变得不是那么真实。

她终于停止哭泣。她吸吸鼻子,发出像是打嗝的声音,并努力呼吸,不过已经不哭了。接下来我们两个人都没说话,只顾着想事情,这么一来,寂静更加凸显。

"我记得那个男孩,"她说,声音相当轻,还听得出来是哭过的声音,"那个被我带到树林去的男孩。"

我看着雨刷外的雪花,保持不动。席拉从未谈过让她到我班上来的那一宗绑架案,那差一点就让她被判在精神病院里度过童年。这些年来,席拉谈过所有的事情,唯独没有提过那件意外。

"我经常在他家的院子里看着他。他有一座秋千,他妈妈会带他出来,推他荡秋千。这时我看着。他有一辆形状像大象一样的塑料汽车,他会坐在那辆汽车上,他爸爸会推他。我也会看着。后来,有一天他一个人在外面,我说了'你要不要一起来'或是其他什么话,我现在记不得了,可是我把他家院子的门闩打开,让他出来。我带他到树林里。

"我并不认为我故意要伤害他。我带着一条绳子,可是那只是我在火车轨道旁发现的某样东西,并不是刻意带的。而且我现在不记得自己想伤害他,反正不是一开始就想。我记得在走路,带他走进树林里,我命令他把裤子拉下来,我想看他的小弟弟。我记得当时我心想,他就像吉米一样,而且我恨他。桃莉,当时我心里有某种想法,我的意思是,那些想法我记得很清楚,仿佛是昨天的事。我看着那个小男孩的感觉,我现在记得清清楚楚。我好恨他,而且我想,如果我跟你说这件事,你会恨我,可是……我想,我想杀了他。"

席拉停顿了好久。她低下头看着放在大腿上的双手:"我好恶毒,就像我爸说的一样。"

我没说话。

席拉看着我:"你现在恨我吗?"

"不恨。"

"为什么不恨?我就恨。要不是那个男生那天很走运,他会被我杀了。"

我两眼盯着道路,可是我眼角的视线可以看见她,她还是看着我。最后她把头别开:"我是个杀人犯。"

"他没有死,席拉。"

"他本来会死的,只是走运才没死。"她吸了好大一口气,"我永远忘不了这件事。我从未告诉任何人。我不敢告诉任何人,可是它就一直在我心里。所有发生的好事都被它一点一点吞噬掉了。我心想,我好恶毒,难怪我会一直发生倒霉事情,我活该。我好坏,连我自己的母亲都受不了我。"

"你母亲和这件事一点关系也没有,她早在你带走那个男孩之前很久就离开了。事实上,如果一定要我提出一个解释,我会说,她离开你并不是因为你做那样的事,反倒是你会那么做却都是因为她离开你。"

"那么她为什么要离开我呢?"

"比较有可能的原因是她有她自己的问题,因为当时的她很年轻。你出生时她只有十四岁。你知道吗?十四岁。"

她没回答。

"所以,她离开那天晚上就只有十八岁,只比你现在大一岁半。而且她有两个要担心的孩子和一个在蹲大牢的丈夫。"

席拉咬着下嘴唇。

"我并不认为你母亲打算遗弃你,也不认为你打算伤害那个小男孩。我认为她只是被压得喘不过气来,被逼到了极限,再也无法忍受任何事,连一个在后座调皮捣蛋的小女孩也受不了。而且就像大部分的我们一样,当再也撑不下去时,就跑掉了。"

席拉发出小小的嘲弄声:"嗯,我一定是流着她的血液,对不对?总是逃避自己的问题。"

"哦,不是的,"我说,"你不像她。你坚强多了,比她好多了。"

"你怎么能那么说?"

"当事情难以忍受时,你可能会逃走,不过不同的是,你回来了。"

席拉想了一会儿,后来慢慢地点了点头:"是的,我想是这样。"

32

去麦当劳工作

> 最后,她终于抬起头:"我不上大学了。三个星期前,我在麦当劳找到一份工作,毕业之后,我就开始全职工作。"

经过这次冒险,我还处于兴奋状态,我曾想过不要休息,一路开回家,但那种愚蠢的想法大约在清晨一点消失了。当我们的车子离开山区,开始在宽广的内华达平地上驰骋时,我一直留意柜台前有人的汽车旅馆,最后终于在一座小镇外围找到一家。

我太累了,除了快速洗澡之外,什么事也做不了。进房间之后没多久,我就上了床。外表看来已经好几个星期没有碰过热水的席拉,翻着我的手提袋寻找洗发精和润发素,接着就走进浴室。她在浴室里好久,我没等到她出来就睡着了。

她一出浴室,翻东西的声音又吵醒了我。我躺着看她准备上床。"我真希望有干净的东西可以穿,"她低声说着,"所有的东西都好脏。"接着她溜到床上,把灯关掉。

我的床边有一架古老的电暖炉在黑夜中发出呻吟。我把毯子拉紧一点,隔开十一月夜晚的寒冷。

席拉在床上辗转反侧。"我没有睡意,"她小声说,"我一直在想我们今天晚上谈的所有事情。"

电暖炉喷着气,低吟着,之后又安静下来。

"你知道吗?在某种程度上,我真的有点气我父母。我当时只不过是个小孩子,我觉得深深被骗,他们应该保护我免于发生这些事。"

"是啊,我认为你说得没错。"

"我突然想到,或许……嗯……或许我当时那个样子我自己也无能为力。我那时很糟糕,我现在知道了,可是,或许我父母亲不该那样对我。"

我心想,很好。

我想席拉可以一直睡下去,她的确需要睡眠,因为我想那可能是她这段时间以来第一张真正的床。然而,天气变坏了,而且我想上路,于是我九点半就把她拉起来。

席拉相当疲惫,她的情绪似乎比前一晚要轻松一点,可是绝对说不上爱说话。我们两个会说个一两句,之后沉默个十或十五分钟之后才会再开口。我打开收音机消遣。

"我去看了那位回复我广告的女士。事情就像你可能想过的,她不是我母亲。感谢上帝,"她微微笑了一下,"她是个疯子。就像你说的一样。"

我露出牙齿微笑地看着她。她耸耸肩。

"你还做了什么事?"我问。

"什么也没有,真的。有好长一段时间,嗯……我的意思是,我就是抱着希望,认为自己可以找到她。我在加州,她也在加州,在某个地方。我就是一直抱着希望……"席拉把头转开,看着窗外,"真的很惨。我没有地方可去,也没有很多钱。大半时间我都随便睡,睡在门口之类的地方,想办法远离一些怪人。而且我真的他妈的好冷、好饿。"

"你为什么不打电话给我?"我问。

她耸耸肩:"我不知道。一开始,我并不想告诉你。我讨厌你是对的。你并不是一直讲,可是你有点夸大。再说,我不想回去,现在还是不想,真的。"

我们停了一会儿。

"你认为我现在该做什么?"席拉问,"回去找我爸吗?"

"是的,或许吧。而如果你想知道我认为你该做什么,那么就在课业上努力吧,拿个奖学金。还有时间,再说,以你的资质,会有许多大学欢迎你入学。我知道你说过中学毕业后不要上大学,可是席拉,相信我,大学对你来说是最理想的环境,你会喜欢的。你会拥有你需要的全部自由,而且那还是一个受到保护的环境,你可以研读你喜欢的课程,真正让你的心自由奔放。我想那么做对你来说会很棒。"

她叹了一口气:"是啊,或许吧。"

后来,席拉睡着了。还有一百五十里路程就到家了,在这段时间我一直在思考如何安置她。她父亲一定没有想到她会回去,而我肯定不想让珍或任何社会服务处在那个时候把她带走。最理想的办法似乎是带她回我家,然后再和她父亲联络。第二天是感恩节,所以我在考虑要不要邀请蓝斯塔先生过来,由我来做一顿大餐给大家吃。那样似乎是最适当的安排。

我开到城里,直到出现停止再开的交通标志的时候,席拉醒了。她坐起来,伸展一下手脚,揉揉脸。"我的天,我回来了。"她看着窗外说。我从她的声音听不出她开不开心。我把我的计划告诉她。

"不要。"她说。

"不要?"

"不要。送我到我爸那儿。"她瞄向我,"最后这个小时,我只是闭着眼睛躺着,可是我并没有完全睡着。我一直在思考,不断思考我们谈过的话,而且我决定回家。"

我很惊讶地点点头:"好吧。"

"你记得那年夏天我和你还有杰夫一起在暑期班的事吗?"

"记得。"

"嗯，你记得有一次我曾问你，你认为我的情况会不会逐渐好转，我的人生会不会逐渐变正常吗？你还记得你自己说过的话吗？"

我犹豫了，努力回想着。

"我记得，因为我非常注意你说的话。你说我必须接受事情，必须接受我妈已经离开我的事实，接受或许那只是某件一定要发生的事，而且那不是我的错。之后你说我必须原谅，让事情过去。"

我点点头。

"嗯，我想我已经做到了第一点。我刚刚坐在这里，彻底思考了这件事，你知道，我不再认为那是我的错。那件事还是让我很受伤，我仍旧希望它没发生过，可是它已经发生了，我现在可以了解，或许我妈是有她自己的问题，只是我运气不好，正好是问题的一部分。"

她思索了一会儿："我想或许我爸也是那样。我想，尽管我该试的全都试过了，既然我跨不过去、躲不掉、绕不出去，我最好是承认并接受。"

她停了一会儿。

"我想我现在看事情的角度不同了，"她说，"我想我可以接受了。"

"很好。"

车子来到通往我家那条路的交叉路口，我在路口停了很久，可是席拉没有再说什么，于是我踩下油门，把车子开上通往百乐汇的快速道路。

"你知道,"席拉说,"我一直想的都是你说有关让事情过去的这部分。接受、原谅,然后让事情过去。我想我可以接受,甚至可以原谅,可是我一直在想着让事情过去这部分,想要弄清楚'让事情过去'是什么,而我所能想到的就是继续生活,开始思考未来,而不是光想着过去。"

"是的,我想那样或许就很贴切了。"

她又沉默了一会儿。"你知道,我不认为我之前有继续生活,"她说,"即使我记不得过去的事情,我还是一直想回到过去。"

我点点头。

"如果我出生时我妈是十四岁,"她说,"如果我爸一直是像他和我在一起时那样混蛋,那么她的日子一定很不好过。现在明白从来都没有'过去'真的很奇怪。"

席拉回到她父亲身边。隔天我并没有帮他们做感恩节晚餐,如果那么做,会是个很不错的故事结局。事实上,我让席拉在那里下车后,直到三个星期后才又和她见面。

然而,从加州冒着下雪的黑夜回来的那趟旅途证明了那只是生理上的挑战,席拉也鼓起勇气面对其他的事。我们在圣诞节前那段时间碰面时,我看到的是一个完全不一样的席拉。她轻松又开心,还请我到市中心吃午餐,吃午餐时不停地谈着学校的事。

她并不是特别喜欢她的新学校或是课程,不过她做得很好,对一个前一年中断学业的孩子来说是如此。我听到她加入拉丁文社团尤其高兴。更奇怪的是，她差一点就承认喜欢它。

我们再也没有谈起那天晚上的旅途，也没有谈到她母亲，或是任何有关她过去的事。我们吃了牛角面包，一起去采购圣诞节的东西，看人们在公园的溜冰场内溜冰。我买了一本埃斯库罗斯（Aeschylus）的《奥瑞斯忒亚》（Oresteia）三部曲当成圣诞礼物送给她，这是阿伽门农（Agamemnon）家族的故事。我知道有关弑母和原谅的古老故事对她来说意义深远。她买给我一本亚顿版的《安东尼与克莉奥佩特拉》给我，还为我附上"克利夫名著解说系列"（Cliffs Notes）。

那段时间，我自己的人生也面临一个意外的转变。几个星期前的周末，我打开周日报纸，看到一则招聘广告：一个情绪障碍儿童特教班有一个年中空缺。那个特教班位于邻近州的一个小小区里。奇怪的是，我当时并没有在找新工作，一直认为自己在桑德拉诊所很愉快，然而，一看到那则广告，我就觉得很想再回去从事教职。

虽然那时我并不知道自己能否获得那份工作，但我告诉席拉我已经应征了那份工作。她听到这个消息就像我听她讲学校和拉丁文社团的事一样镇静。她对我放弃私人诊所一份收入不错的工作，回去担任教职感到不解。对席拉来说，钱变得非常重要，她很难了解我行动背后的理论根据，不过她想到我又要变成老师，似乎很开心。

我真的获得那份工作了。一月初，我就会在离这座城两百里之远的一座名为贝京（Pecking）的小镇里。我偶尔会有席拉的消息。她并不是很会写信，所以就不常接到她的信，而且一如往昔，她的来信也是和一般传统信件不一样。因此，我并不是十分清楚她的细节。就我所了解的，她在学校一直很不错，和她父亲相处得也很好。他又在努力让自己不要惹麻烦，我听到许多有关ＡＡ（协助酗酒者戒酒的一个民间组织）的事。而席拉加入Alateen（酒瘾者子女的支持性团体），她就是在这个地方遇见克莱儿的。十八岁的克莱儿是和席拉同校的高三学生。她和席拉不一样，家庭并不贫苦。事实上，她是个在网球课和夏令营教育方式下长大的孩子。然而，看似快乐幸福的环境里却存在着酗酒和虐待成性的父母。克莱儿和席拉在彼此的身上发现其他同龄人无法给她们的默契，于是两个人逐渐培养出友谊。

　　三月时，我们学校放了两天假，于是我来到城里。我到席拉家坐了一会儿，因此有机会见到克莱儿。一本正经的克莱儿有一头又黑又长的头发，戴着眼镜，看起来一副聪明相。她拥有那种很适合讨论萨特（Sartre）或生态学的青春期可怕的严肃性，而且当她在跟我解释一些晦暗的、深奥的内容时，席拉始终赞同她的说法。那是我第一次看到真正的席拉，一个创造自己的独特性、聪明、清楚有条理的少女。

　　我一直到五月才又见到她。我们约好一起在城里一家比萨餐厅吃午餐。我看到她时几乎认不出她。她的刘海好长，终于长到和其他头发一样齐，还剪得相当顺，从脸庞往后垂到肩膀上。她把头发稍微染亮了些，凸显其自然的金色，使其光泽度更加明显。朋克式的服装不见了，可是她天生的时尚感依然存在。两件T恤套穿在一起，一件棉质洋装和一件丁尼布外套，再搭配厚重的黏土珠宝，她的外表有伸展台上的精巧现代风格。

"天啊，你看起来很好。"我说。

"是啊，谢谢你。"她拉出我对面的椅子坐下，"我想这是自由的装饰，因为学校还有六天就结束了。"

我注视着她。她不太想提毕业之后的计划，我在信中问了她几次，可是她从来都没有回答，甚至没告诉我她正在申请哪个奖学金。这让我相当好奇，预料会有一番惊喜。我私底下猜想，有一所特别好的大学已经接受她的申请，她想利用这次午餐时告诉我。

我们亲切地聊着，点了比萨之后又聊了一会儿。席拉告诉我，斯坦福大学已经接受克莱儿的申请，那是她的第一志愿。

"那你呢？"我问，我再也控制不住自己的好奇心，"你有什么计划？"

她和我谈话时，手臂交叠放在桌上，身子一直保持往前，现在她则低下头。她的脸上带着微笑，可是好久都没有回答我的话。"桃莉，我要怎么跟你说这件事呢？"

我等着。

最后,她终于抬起头:"我不上大学了。三个星期前,我在麦当劳找到一份工作,毕业之后,我就开始全职工作。"

"麦当劳?"我惊讶地说,"老天,席拉,麦当劳?"

"嘘,"她的一只手越过桌子,触碰到我的嘴唇,"别让这里所有的人都听到。"

"你在开玩笑,对吧?你在捉弄我。"

她摇摇头:"没有,桃莉,我没有捉弄你。"

"像你这样的头脑竟然要靠端汉堡赚钱?哦,席拉,你一定是在开玩笑。"

"我喜欢汉堡。"

"可是席拉……"我想提出异议。

她的脸上还是带着那抹微笑:"你知道,妈,这件事得依我的意思做。"

"我不是你妈,我的孩子不会逃离这件事。"

"你是我妈。如果我有妈的话,那就是你,因为我爱你就像爱妈妈一样,而且我知道你也爱我。"她笑得好窝心,"现在,妈,是让我长大的时候了,大学稍后再说。或许吧,谁知道呢?可是现在,一定得是汉堡。"

"哦,席拉,别来了。不是真的吧?"

"别批评,好吗?"她说,"就像以前一样就好。你就说,席拉,不论你想做什么都很好,如果你需要我,我就在这里,我在后面支持你。快跟我说。"

我注视着她,看着她的眼睛良久。在比萨餐厅昏暗的灯光下,她的眼睛是灰蓝色的。接着我叹了一口气,露出微笑:"很好,你就去做你认为对的事,我相信你。"

"妈,谢谢你。"

后 记

自从那天下午在那家比萨餐厅和席拉碰面到现在,差不多过了十个年头,她现在的年纪比当年我担任她的老师时还要大。她仍然在快餐业工作,然而,她不端汉堡了。她有精明的生意头脑,已经是一家分店的经理,而且很快将成为全国最年轻的经销商之一。

我必须承认,她的成功或许仍旧不是我会为她做的选择,而且要我接受那么聪明的人奉献给汉堡,真的还是有点难。席拉有心情说双关语时,她会说她在品尝她的工作。我在想,她也是在品尝我的挫折,这么说或许是最好的表达方式。她独立了,能够自在地接受现在的自己,她的决定、她的计划、她的自我价值并不是取决于我或任何人的肯定。

当然,席拉偶尔还是会遇到困难。她的童年相当贫苦,而且还曾是受虐儿，认为她不会受那些经历的影响是不切实际的。这种情况在她的人际关系里尤其明显。她在关系能够清楚界定的职场里，尤其是在个人不干涉专业的管理工作上，似乎表现得很不错。然而，她的私人生活却不断受到挑战，和男人建立亲密关系尤其困难。不过整体而言，她已经成为一个相当稳定和有竞争力的青年女性。

或许席拉写给我的最后一封"亲爱的妈咪"信件就是本书最好的结局。她在少女时期那几年保有一本日记，她把它们影印之后寄给我，就成了"亲爱的妈咪"那些信。几年前，她无意间看到自己的旧日记，而且在读完那些信后，写信告诉我那件事。她在信后面附上下面这张短笺：

亲爱的妈咪：

我现在的生活相当圆满，有一份很棒的工作，一间我自己的公寓和一只名叫麦克的狗。很抱歉，我不再那么想你。我是想，可是我就是没有时间。很可惜你从来都没能了解我。我想你会喜欢我，会觉得骄傲的。

爱你的席拉

桃莉老师疗愈成长之旅·系列
（精选八本精彩呈现）

桃莉·海顿——美国教育界盛誉为"爱的奇迹天使"

她凭借爱、好奇和永不放弃，以心的能量打开封闭受伤的童心

每段改变和成长源自真实案例

30多种文字，1200万册风行全球，撼动世界亿万父母老师的心灵！

妙妈悦读会　木朵爸爸　儿童技能教养法中国推广第一人李红燕　父亲参与促进中心总干事温志刚　知心妈妈彭霞　**联合推荐**

荣获台湾"好书大家读奖"和中小学生推荐读物　美国图书协会强力推荐

《围墙上的薇纳斯》

一本让你眼角有泪嘴角上扬的书，消除亲子压力，舒缓家庭情绪。

桃莉老师的新班开课了，一个个在传统班级不能适应的孩子来到这里……

孩子们形形色色的各类问题及老师间不同教育理念的冲撞，让桃莉老师焦头烂额。从一开始的互骂斗殴，到学会互相理解甚至保护同伴；从憎恶这个特殊班级，到哭着写下爱的留言"不想离开"。

《午后阳光里的孩子》

一个不会讲话的空洞男孩——布，
一个分不出O和L的活泼女孩——萝莉，
一个被逐出校园的暴力男孩——汤玛索，
一个怀孕的十二岁乖巧少女——克劳蒂亚，
在午后的阳光里，
拖着疲惫的心灵陆续来到桃莉老师的教室……
一种无形的信任和暖流在不大的教室里荡漾开来……缓慢的蜕变，悄然的重生……

《猫头鹰男孩》

一个有阅读障碍的口吃男孩,一个资质聪颖的天才女孩,当他们遇上一只破壳而出的猫头鹰⋯⋯

《玛拉的向日葵森林》

知道这个世界上有人在乎你是最重要的,心的能量能改变一切!

《微光中的孩子》

只有桃莉老师听到了三个没有被听到的声音⋯⋯

《重新来过》

我需要重新来过,因为在我人生第一次成长的时候,我并没有真正地成长。

《月球上有三棵树》

抱着猫玩具的自闭症男孩康纳
与他富有天才想象力的母亲萝拉
两条线索交叉铺叙,游离于真实与虚幻之间
惊人的秘密一点一点浮出水面⋯⋯

桃莉老师疗愈成长之旅·系列
（精选八本精彩呈现）

桃莉·海顿——美国教育界盛誉为"爱的奇迹天使"

她凭借爱、好奇和永不放弃，以心的能量打开封闭受伤的童心

每段改变和成长源自真实案例

30多种文字，1200万册风行全球，撼动世界亿万父母老师的心灵！

*妙妈悦读会 木朵爸爸 儿童技能教养法中国推广第一人李红燕
父亲参与促进中心总干事温志刚 知心妈妈彭霞* **联合推荐**

荣获台湾"好书大家读奖"和中小学生推荐读物 美国图书协会强力推荐

《围墙上的薇纳斯》

一本让你眼角有泪嘴角上扬的书，消除亲子压力，舒缓家庭情绪。

桃莉老师的新班开课了，一个个在传统班级不能适应的孩子来到这里……

孩子们形形色色的各类问题及老师间不同教育理念的冲撞，让桃莉老师焦头烂额。从一开始的互骂斗殴，到学会互相理解甚至保护同伴；从憎恶这个特殊班级，到哭着写下爱的留言"不想离开"。

《午后阳光里的孩子》

一个不会讲话的空洞男孩——布，
一个分不出O和L的活泼女孩——萝莉，
一个被逐出校园的暴力男孩——汤玛索，
一个怀孕的十二岁乖巧少女——克劳蒂亚，
在午后的阳光里，
拖着疲惫的心灵陆续来到桃莉老师的教室……
一种无形的信任和暖流在不大的教室里荡漾开来……缓慢的蜕变，悄然的重生……

《猫头鹰男孩》

一个有阅读障碍的口吃男孩，一个资质聪颖的天才女孩，当他们遇上一只破壳而出的猫头鹰……

《玛拉的向日葵森林》

知道这个世界上有人在乎你是最重要的，心的能量能改变一切！

《微光中的孩子》

只有桃莉老师听到了三个没有被听到的声音……

《重新来过》

我需要重新来过，因为在我人生第一次成长的时候，我并没有真正地成长。

《月球上有三棵树》

抱着猫玩具的自闭症男孩康纳

与他富有天才想象力的母亲萝拉

两条线索交叉铺叙，游离于真实与虚幻之间

惊人的秘密一点一点浮出水面……